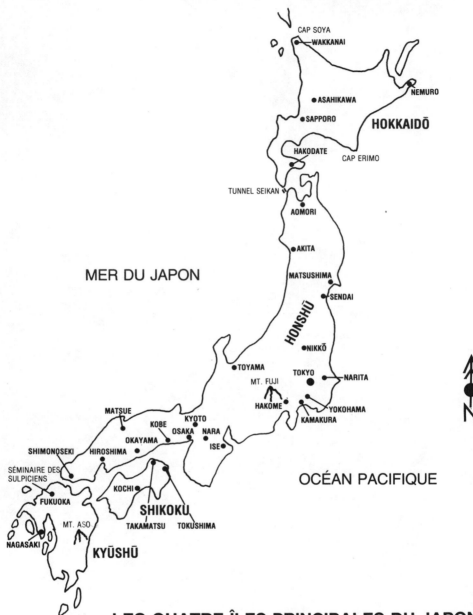

CAP SOYA
WAKKANAI
ASAHIKAWA
SAPPORO
NEMURO
HOKKAIDŌ
HAKODATE
CAP ERIMO
TUNNEL SEIKAN
AOMORI
AKITA
MATSUSHIMA
MER DU JAPON
SENDAI
HONSHŪ
NIKKŌ
TOYAMA
TOKYO
NARITA
MT. FUJI
HAKOME
YOKOHAMA
MATSUE
KAMAKURA
KOBE
KYOTO
OSAKA
NARA
OKAYAMA
SHIMONOSEKI
ISE
HIROSHIMA
SÉMINAIRE DES
SULPICIENS
OCÉAN PACIFIQUE
KOCHI
FUKUOKA
SHIKOKU
MT. ASO
TAKAMATSU
TOKUSHIMA
NAGASAKI
KYŪSHŪ
N

LES QUATRE ÎLES PRINCIPALES DU JAPON

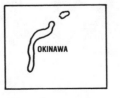

OKINAWA

HONSHŪ	91 700 000 h. (79,6%)
KYŪSHŪ	13 862 000 h. (12,0%)
HOKKAIDŌ	5 488 000 h. (4,8%)
SHIKOKU	4 121 000 h. (3,6%)

Le JAPON

Photographie de la couverture: La compagnie Kintetsu

Maquette de la couverture: Norman Lavoie

Conception graphique: Productions graphiques ADHOC

Photographies: André Léveillé

Caractères Japonais: André Léveillé

Dépôt légal — 1er trimestre 1983
Bibliothèque nationale du Québec
Bibliothèque nationale du Canada

ANDRÉ LÉVEILLÉ

Le JAPON

hier
aujourd'hui
et demain

ÉDITIONS F.A. INC.

Introduction

Ce livre a un but bien précis. Permettez-moi de le définir brièvement en espérant que les chapitres qui suivront puissent vous êtres très agréables et utiles autant par la photographie que par les mots.

Longtemps je me suis surpris à constater mes attirances envers la nation japonaise, pays du soleil levant comme on le dit souvent. En 1933, un jeune ingénieur japonais, originaire de Tokyo, Mutō san, vint passer un an à Montréal. Il occupa un poste important à la compagnie R.C.A. Victor et c'est chez mes grands-parents, maternels, qu'il demeura. Évidemment, je ne l'ai pas connu puisque je suis né au mois d'août de cette année-là. Toutefois, je me souviens lorsque j'avais huit ou neuf ans et pendant les années qui suivirent, chaque fois que nous avions des réunions de famille et que Mutō san était le sujet de conversation, on l'avait caractérisé (je veux dire mes oncles et tantes ainsi que ma grand-mère et ma mère) comme étant un ingénieur très distingué, un jeune homme brillant par ses qualités intellectuelles et morales et discipliné de façon remarquable, travaillant avec persévérance dans tout ce qu'il entreprenait.

Au mois d'août 1974, retournaient dans leur pays d'origine, le Japon, mes amis le docteur Aoki Yōichi san, ingénieur et son épouse Aoki Miura Nanao san. Ils venaient de terminer un séjour d'un an au Québec et je me souviendrai toujours des dernières paroles de Mme Aoki avant de s'envoler de l'aéroport près de Ste-Foy: «You are lucky in Quebec, you live in a paradise». (Vous êtes chanceux au Québec, vous vivez dans un paradis).

Lorsque l'on sait qu'au Japon ils sont environ 116 millions de Japonais à y vivre, alors qu'au Québec nous ne sommes que 6 millions quelques cent mille et qu'eux se retrouvent tous à l'intérieur d'une superficie qui n'égale qu'un sixième celle du Québec, ça aide très facilement à comprendre ses dernières paroles. Nous étions voisins et parce que j'ai osé leur adresser la parole un samedi matin alors qu'ils observaient le terrain de tennis, une amitié honnête et sincère se développa pour se cristalliser durant les derniers mois de leur voyage. C'est par nos échanges de points de vue sur différents sujets, par nos dialogues touchant nos connaissances propres sur nos pays respectifs, c'est tout ça dis-je qui m'a permis d'améliorer ma façon de voir le Japon et aussi de mieux comprendre les Japonais. Je pense vraiment que c'est durant cette période de ma vie, que j'ai su qu'un jour j'écrirais au sujet de cette nation pour le moins fascinante. De retour chez eux, ils m'invitèrent à maintes reprises à aller visiter une partie du Japon, m'assurant que les portes de leur domicile m'étaient toutes grandes ouvertes et qu'ils seraient très heureux de m'y accueillir. M'ayant informé que la meilleure saison, l'idéal pour ainsi dire, était le printemps, c'est avec plaisir, enthousiasme et curiosité que j'acceptai leur invitation et nous avons choisi le mois de mai 1980 de part et d'autres. Je me suis donc installé à leur domicile situé à Seijō Setagaya-ku dans Tokyo. Ils ont été extraordinaires et je les remercie publiquement avec joie et respect.

C'est au retour de ce magnifique voyage que je décidai d'écrire sur le Japon. Aujourd'hui, je ne prétends pas tout savoir, tout connaître sur ce merveilleux pays, toutefois, ce que j'y ai vu, entendu et lu durant mon séjour ajouté à mes connaissances du pays, connaissances acquises depuis plusieurs années, c'est avec tous les humains que je désire partager tout cela et je dédie mon livre, en premier lieu, à ceux et celles qui sont fascinés par cette nation ainsi qu'à toutes les personnes qui veulent découvrir une partie de ce merveilleux pays qu'est le Japon.

Dans les pages qui vont suivre, je m'exprime souvent par l'image ou la photographie de ce que j'ai admiré et observé là-bas. Les sites importants dont je vous entretiendrai se situent aux endroits suivants: Kamakura, Seijō, Tokyo, Kyoto, Hakone et d'autres aussi. J'exprime en résumé les moeurs, la culture, les traditions en passant par l'économie, sans oublier les origines de la langue japonaise, l'éducation, le transport, les sports, la musique, le théâtre classique Nō, les religions, le syndicalisme et la littérature.

La durée du vol est d'environ 14 heures. De Montréal à Vancouver, 4 h 55 et de Vancouver à l'aéroport (Narita) international de Tokyo, 9 heures. À bord d'un boeing 747 de la compagnie CP Air, au moment de l'arrivée, on peut voir les côtes de l'île Honshū.

Les Japonais et les Japonaises forment sur plusieurs plans une nation modèle. Même si la perfection n'est pas de ce monde, je pense que la nation japonaise est celle qui, à mon sens, est la plus disciplinée et la très grande majorité de sa population est très polie et travaille avec ardeur et, de plus, se caractérise par cette persévérance omniprésente dans tout ce qu'elle entreprend. Si tous les humains désirent la paix dans le monde, les Japonais m'ont semblé actuellement concrétiser cet ardent désir de façon marquante en posant des gestes significatifs quotidiennement.

J'espère que cette brève introduction vous aura préparés à découvrir quelques secrets d'une partie du joyau de l'Asie, le Japon. Vous constaterez que les Japonaises en tant que femme jouent de plus en plus un rôle actif en dehors du foyer cela dans tous les domaines.

En conclusion, je remercie ceux et celles qui m'ont apporté leur collaboration. De plus, je remercie toutes les personnes qui par leurs silences ou leurs paroles m'ont encouragé à écrire sur le Japon. À vous qui n'êtes jamais allés ou ne pourrez jamais vous y rendre, j'espère vous y emmener par mon livre et pour les personnes qui le connaissent bien, elles redécouvriront différemment Honshū l'une des quatre îles principales du Japon et certainement celle qui possède d'innombrables trésors.

Sommaire

Chapitre I. — Intérêts touristiques et transports

Le climat 18
Les lignes de métro, de train et le monorail 18
Le plus long tunnel au monde, le SEIKAN 20
Technologie révolutionnaire des moyens
    de transport 22
Transports par voie de terre 28
Le taxi 36
Discours en plein air au centre
    ville à Tokyo 38
Quelques restaurants et leurs spécialités 40
Les Japonais voyagent beaucoup 44
La région de Hakone 45
La ville de Kamakura 55
Le mont Fuji 69
Le secteur résidentiel de Seijō 71
Le musée national de Tokyo 74
La lutte Sumō 77
Tokyo 80
La baie de Tokyo 89
Jardins exotiques 90

Chapitre II. — Les religions, l'éducation, la culture et les communications

Ikebana   95
Bonsai et la musique   98
La cérémonie du thé   99
Le théâtre classique Nō et le Kyōgen 100
Le théâtre Kabuki 102
Temples et sanctuaires à Kyoto 105
Le château Nijō à Kyoto 107
Les religions 108
Mariages et divorces 111
Les fêtes nationales et le jardin de Meiji 112
Les journaux 116
Réseau de la radio et de la télévision NHK 117
Le temps d'une pause 118
Office annuel de requiem pour aiguilles brisées . . . 120
L'éducation 120
La langue japonaise 131
Le château Nagoya 139
Gratte-ciel du centre d'achats de Shinjuku 140
L'échange de la carte d'affaires 141
La littérature 141

Chapitre III. — Regards sur l'économie du Japon

Le gouvernement 146
L'empereur 148
La diète (parlement) 150
Système électoral 151
Progrès pour la femme 154
Éléments favorables à l'économie 156
Caractéristique du système économique 157
Navigation côtière et la construction d'immense
    pétroliers 160
Programme économique de 1979 à 1985 161
L'investissement et l'épargne 163

Autre caractéristique économique   164
L'importance des banques et la bourse des valeurs   166
Système d'emploi à vie.   169
Salaire à l'ancienneté.   171
Rapides changements du marché de l'emploi   172
Relations entre salariés et patrons.   173
Monnaie japonaise   178
L'argent n'a pas de maître.   179
Le système économique, un modèle très valable . .   180
Regard sur l'agriculture   181
Au revoir   187
Sincérité, Makoto   189

Chapitre I

Intérêts touristiques et transports

Le climat

La capitale, Tokyo, de part sa latitude se trouve pratiquement à la même hauteur que Téhéran, Athènes et Los Angeles. En excluant Hokkaidō au nord et les îles situées au sud des îles Amami-Oshima, l'archipel du Japon est situé en zone tempérée avec la présence de vents saisonniers. De 23,3° à Okinawa, la moyenne annuelle de température tombe à 6,3° à Wakkanai dans l'île de Hokkaidō. À la page 70, vous trouverez un mini tableau de moyennes des températures.

Les lignes de métro, de train et le monorail

Il existe des lignes de métro en service dans six grandes villes japonaises: Tokyo, Osaka, Nagoya, Kōbe, Yokohama et Sapporo. Déjà en août 1979, les dix lignes de métro de Tokyo couvraient une distance totale de plus de 175 km ce qui lui donne le 4e rang mondial après New York, Londres et Paris. De plus, l'on termine dans la ville de Tokyo, 24,5 km de lignes supplémentaires. Un système monorail parcours, en 15 minutes environ, les 13 km séparant la ville de l'aéroport de Haneda.

Le monorail Shōnan relie un important noeud ferroviaire au Secteur domiciliaire en pleine expansion situé au sud-ouest de Yokohama.

Il est toujours possible de se déplacer d'une voiture à
l'autre de l'intérieur.

Métro

Ce n'est qu'aux heures de pointe que les pousseurs
entrent en action.

Train

Le plus long tunnel au monde — le SEIKAN — construit sous la mer.

Le tunnel reliant deux des quatre îles principales du Japon, soit Hokkaidō à Honshū, le Seikan, en construction depuis 18 ans, devrait être terminé sous peu. En effet, ce sera le plus long tunnel au monde construit sous la mer avec ses 53,85 km (33,47 milles). L'on espère que le fameux train rapide traverse ce tunnel en 13 minutes, complétant ainsi le trajet entre Tokyo et Sapporo, capitale de Hokkaidō. Le voyage qui dure 20 heures sera réduit par ce tunnel à 14 heures seulement. Il en aura coûté quelque chose comme environ 1,9 milliard de dollars. Malgré d'extrêmes mesures de sécurité maintenues durant la construction ainsi que le haut niveau de la technologie, certains incidents n'ont pu être évités. En 1969, 12 tonnes d'eau à la minute se sont mis à pénétrer dans le tunnel et les travaux ont dû être retardés de 7 mois. Aussi, en 1976, se fut pire encore alors que le même problème refit surface et de façon plus grave que la première fois. Ce sont 40 tonnes d'eau à la minute qui envahirent le tunnel, mais l'expérience antérieure permit de continuer les travaux après seulement 2 mois d'arrêt. Le tunnel Seikan devrait entrer en fonction vers 1983.

Métro

Train

Technologie révolutionnaire des moyens de transport

Les progrès technologiques accomplis récemment semblent devoir révolutionner les moyens de transport. Le système de propulsion sur coussin magnétique à moteur linéaire, mis au point tout récemment par les Chemins de Fer Nationaux Japonais et qui, au cours d'essais, à déjà permis d'atteindre la vitesse incroyable de 347 km/h, a soulevé un vif intérêt dans le monde entier. La compagnie aérienne «Japan Air Lines» est aussi à mettre au point un système de transport ferroviaire à moteur linéaire qui est prévu pour entrer en service d'ici quelques années sur des parcours urbains de moyenne distance. Deux autres projets grandioses doivent être prochainement achevés, il s'agit de la construction d'un pont pour relier l'île de Shikoku à l'île de Honshū et la mise au point d'une voiture à propulsion électrique. En plus de l'exploitation aux États-Unis de la technologie du Shinkansen en vue de la construction d'une liaison ferroviaire ultra-rapide dans le Nord-Est, le Japon poursuit toujours sa politique de coopération avec les pays en voie de développement dans le domaine des transports, lesquels constituent un élément d'infrastructure indispensable à leur développement économique.

Cet édifice situé à Tokyo est partagé par l'organisation
centrale du parti politique libéral démocrate et par la
compagnie I.B.M. (Mai 1980).

Le réseau autoroutier urbain de Tokyo est d'environ 131,7 km. Il permet une circulation rapide.

Mur antison construit sur plusieurs boulevards métro-
politains dans les secteurs domiciliaires.

Transports par voie de terre

C'est le chemin de fer qui continue à jouer un rôle essentiel dans les transports terrestres. Toutefois, il existe maintenant un vaste réseau de voies, expresse, et dans ce sens les transports par autoroute prennent une importance croissante. C'est la JNR, Société Nationale des Chemins de Fer Japonais, compagnie publique, qui est la plus grande entreprise du pays. Selon les statistiques, en octobre 1979, elle avait 21 305,9 km de voies assurant 26,2% des transports de passagers par voie terrestre (passagers/kilomètres) et 9,9% du total des transports de marchandises par voie terrestre (en tonnes/kilomètres). Sa réalisation la plus importante est le service ferroviaire l'un des plus rapide du monde sur la ligne Shinkansen (littéralement veut dire «nouvelle ligne»). En service depuis le 1er octobre 1964, cette ligne offre un service de super express qui parcours en 3 h 10 la distance de 553 km qui sépare Tokyo d'Osaka. Les trains y roulent à la vitesse maximale de 210 km/h. Aussi, le 15 mars 1972, un prolongement de 161 km de Osaka à Okayama était inauguré. Le 10 mars 1975, un autre tronçon de 393 km était ouvert, allongeant la ligne jusqu'à Hakata, à Kyūshū. Le Shinkansen couvre la distance de 1107 km de Tokyo à Hakata en 6 h 56 minutes.* C'est 135 compagnies privées qui assurent un service ferroviaire régional dont 15 grandes qui en 1978 (année fiscale) desservaient un réseau de 15,581 km. Ces compagnies privées transportaient en 1978 près de 5,4% du total des passagers et 0,2% du total des marchandises, par voie terrestre. Les services d'autobus et d'autocars couvrent un important

---

* Y compris les arrêts à Nagoya, Osaka, Okayama, Hiroshima, etc.

réseau dans les villes et à travers tout le Japon. Le pourcentage des passagers transportés était de 53,9% et celui des marchandises de 38.1% de la totalité des transports par voie terrestre en 1978 (année fiscale). En septembre 1979, le Japon avait 2465 km d'autoroutes et j'en passe pour vous dire tout de suite que les autoroutes jouent un rôle essentiel dans le développement économique du Japon en reliant trois des plus grandes régions industrielles du pays. De plus, des réseaux autoroutiers urbains, l'un à Tokyo (long de 131,7 km) et l'autre à Osaka-Kōbe (92,1 km) permettent une circulation rapide dans ces villes.

Situé à une distance d'environ 100 km du centre-ville de Tokyo, le lac Ashi de Hakone ainsi que les montagnes qui l'entourent forment l'un des plus merveilleux centres de villégiature non seulement au Japon, mais à travers tout l'univers.

Gare extérieur de train à Ueno, dans Tokyo.

Magnifiques magasins tout près de KAMAKURA.

Une partie du centre-ville de Tokyo. La tour de Tokyo
mesure plus de 1000 pieds de hauteur. Les locaux de la
maison du Québec à Tokyo sont situés tout près de l'édifice XEROX.

Aperçu de l'autoroute située entre Tokyo et Hakone.
Lorsque la température est à son meilleur, il devient
possible d'admirer le sommet du mont Fuji à une distance d'environ 35 à 80 km.

Lorsque vous utilisez le service d'autobus limousine faisant la navette entre l'aéroport international de Narita
et le centre ville de Tokyo, vous trouvez sur votre siège
une carte de renseignements en cas d'urgences. Ils sont
rédigés en anglais, en français et en japonais.

Le taxi

Attention, si vous prenez le taxi, la loi vous défend d'ouvrir et de fermer la portière car cela est la responsabilité du chauffeur qui de son siège, techniquement équipé, complète cette opération. Au Japon, c'est le système de conduite européen qui prévaut, donc le conduteur, le chauffeur conduit à la droite dans son véhicule et roule du côté gauche de la route. Tous les chauffeurs de véhicules-taxis portent les gants blancs. L'identification est bien en vue à l'avant de la voiture, côté opposé du chauffeur, photo, numéro, nom du chauffeur, tout y est. 99% des véhicules-taxis sont très propres aussi bien à l'extérieur qu'à l'intérieur du véhicule.

Ce qui m'a frappé et qui caractérise aussi les chauffeurs de taxi, c'est le respect qu'ils démontrent envers la clientèle, et la courtoisie qui règne en maître lorsqu'il s'agit de communiquer un renseignement. Les pourboires ne sont pas de mise. Les tarifs sont de 380 yen pour les 2 premiers kilomètres et de 70 yen pour chaque 405 mètres aussi entre 23 h et 5 h les tarifs de base sont haussés de 20%.

Le service d'autobus y est très efficace. Un taux fixe de 110 yen pour les adultes et 60 yen pour les enfants est le prix à payer et chaque fois que l'on entre dans un véhicule-autobus, il faut déposer le montant exact dans la boîte en entrant près du chauffeur.

Discours en plein air au centre ville à Tokyo

Un représentant d'un organisme privé s'adressant au public. Les sujets de son discours: boycoter les jeux olympiques de Moscou et apporter des changements à la constitution.

Quelques restaurants et leurs spécialités

Façade extérieure d'un restaurant du quartier Ginza.

Ce sont le sushi et le sashimi, deux spécialités japonaises.

On peut les déguster partout au Japon et même à Montréal au restaurant Katsura et dans d'autres restaurants japonais.

Le restaurant FOX TAIL

Les restaurants superposés
KIMURAYA
dans le quartier GINZA.

42

Le restaurant Fox Tail offre des mets succulents à des prix abordables. Leur spécialité, un fruit de mer délicieux, le crabe. Il est apprêté et servi de plusieurs façons. En mai 1980, un repas complet incluant les hors-d'oeuvre, la salade arc-en-ciel composée de sept légumes variés, le saumon glacé, l'assiette de viande de crabe cuit à la vapeur, l'oeuf custarde cuit à la vapeur, le filet mignon, la soupe japonaise, les cornichons japonais et comme dessert les fruits en saison, le tout pour 27,75 $ en monnaie canadienne.

Sushi

Ce mets très coloré est populaire au Japon. Il est composé de différents fruits de mer et est préparé devant vous par d'excellents cuisiniers. Vous faites votre choix de fruits de mer, ce peut-être, entre autres, du thon, du saumon, de la pieuvre et plusieurs différentes sortes de poissons. On les coupe en pièces devant vous et chacune d'elles est montée sur un coussin de riz vinaigré préalablement préparé, évidemment tout ça se mange cru. Chaque pièce fait une bonne bouchée que l'on trempe dans une sauce soya avant de laisser jouir son palais. Elles peuvent être accompagnées de plusieurs différents rouleaux d'algues marines et riz, concombre et oeuf. Pour certains, ils se dégustent avec de minuscules tranches de gingembre. Il y a plusieurs formes de sushi dont le Nori-maki et le Nigiri.

Sukiyaki

Ce mets est vraiment superbe. Il est composé de minces tranches de boeuf que l'on fait cuire dans une sauce japonaise avec des légumes variés, comme les épinards, les oignons, les champignons, le céleri, les échalottes, que l'on ajoute graduellement et selon l'appétit pendant que la cuisson se fait au centre de la table. Chaque bouchée est trempée dans un oeuf cru, préalablement préparé dans un bol, et dégusté.

Les Japonais voyagent beaucoup

Le nombre de ceux qui voyagent à l'étranger continue de s'accroître d'année en année qu'ils soient en groupe ou individuellement. Ce facteur, cet élément, nous permet de constater la hausse du niveau de vie de la population prise dans son ensemble, ainsi que l'augmentation du revenu par individu. En 1978, selon les statistiques, 3 525 110 japonais ont voyagé à l'étranger et on dépensé 3,7 milliards de dollars alors qu'en 1965, ils n'étaient que 266 000 à voyager à travers le monde et dépensaient 87 millions de dollars. Je crois qu'au Canada, il pourrait être intéressant de faire un examen de conscience pour la raison suivante: «Avons-nous vraiment tout mis en oeuvre pour les attirer au Québec et les convaincre que leur séjour peut être très agréable?». Lorsque l'on connaît bien toutes les richesses touristiques du Québec, l'on peut se demander dans ce cas-là, pourquoi si peu le visitent. Je crois en connaître une des raisons. C'est le fait que la très grande majorité ne s'exprime pas en français, mais bien en anglais. Les Japonais aiment la langue française, mais pour l'instant, c'est la minorité qui la comprend et la parle.

Hakone

Une partie intérieure du musée des douanes anciennes.

Musée des douanes anciennes.

La région de Hakone est reconnue pour ses bains publics sur les merveilleux flancs de montagnes. Ses montagnes atteignent une hauteur de 4 600 pieds. Le lac Ashi a été créé de toute pièce par l'érosion d'un volcan il y a plus de 4 000 ans. Il est devenu très facile de se rendre sur ces montagnes.

L'auteur et le Docteur Aoki Yoichi Ing.
Magnifiques jardins de l'hôtel Yamano (deuxième semaine de mai 1980). Hakone est une vaste région s'étendant entre le mont Fuji et la péninsule d'Izu.

M. & Mme Aoki
L'odeur exquise qui se dégage de cet exotique jardin n'a
d'égal que la contemplation de sa floraison printanière
(deuxième semaine de mai 1980).

Le lac Ashi ne gèle pas en hiver. L'on peut y pêcher de la perche et de la truite.

L'environnement de l'Hôtel Yamano incite aux vacances, à la détente (2e semaine de mai 1980).

Voilier Victoria

D'une beauté remarquable et d'une propreté impecca-ble.

C'est en décembre 1956, que le Japon devint le 80e membre à part entière de l'organisation mondiale des Nations Unies. Cette admission sembla déclencher un regain d'énergie au pays durant les années 60 particulièrement qui furent caractérisées par une impulsion et un développement économique probablement inégalé ailleurs dans le monde entier. L'une des tâches principales de ce grand pays qu'est le Japon, durant les années 70, fut d'intensifier ses relations amicales avec tous les pays afin de renforcer les bases de paix et de prospérité mondiale en créant, à l'intérieur, des conditions sociales bien équilibrées afin de remédier aux dimensions nées de cette très rapide progression des années précédentes.

Le nombre maximum de passagers permis à bord du
voilier est de 1 500 environ. Le lac Ashi étant un lac
fermé l'on a procédé à la construction du voilier Victoria comme avec un jeux de casse-tête (puzzle). Construit
une fois, il fût démonté par pièce et reconstruit à nouveau à Hakone.

Voilier Victoria

Voilier Victoria

En mai, il fait habituellement très beau et chaud, en juin c'est la période des pluies au Japon.

Kamakura

Kamakura a une superficie de 15 milles carrés. Entouré de forteresse naturelle et de collines, cette magnifique petite ville, que je suggère à tous les touristes de visiter, est située au bas de la péninsule de Miura et est incorporée à la préfecture de Kanagawa. De Tokyo, le trajet est très agréable par train et le voyage dure environ une heure. L'on peut y visiter de nombreux temples et sanctuaires dont l'architecture est unique. J'ai été frappé par l'immense statue de Bouddha, qui se dresse au même endroit depuis l'an 1252. Cette merveilleuse pièce consacrée comme monument national, mesure plus de 35 pieds de hauteur. Le temple Kotoku-in qui l'abritait fut détruit par des vents violents il y a de cela plusieurs siècles vers 1495. L'on n'a pas encore trouvé ses origines tellement elles remontent dans le passé.

À l'époque de Kamakura (1192-1333) ce sont les samourais qui apportèrent la force et le sens pratique qui devaient être insufflés à la civilisation du pays.

KAMAKURA

Quelques uns des nombreux sanctuaires et temples de
cette charmante petite ville.

Le chef militaire Suprême (Shōgun) Minamoto-no Yoritomo.

La période de Kamakura débute en 1192 pour se terminer en 1333.

Minamoto-no Yoritomo reçut son titre de shōgun (chef militaire suprême) en 1192 et il établit son shōgunate à Kamakura afin de mettre fin à une période de guerres et de révoltes. C'est le commencement du gouvernement militaire du Japon. En 1224, la secte bouddhiste Jōdo Shinshū (l'une des plus importantes sectes avec celles du Zen et de Nichiren dans le Japon d'aujourd'hui) prend naissance et gagne beaucoup d'adeptes. C'est en 1253 que la secte Nichiren est fondée et elle enseigne que l'homme peut atteindre à la vie éternelle uniquement en croyant aux promesses de Bouddha aussi elle fait beaucoup d'adeptes parmi les gens du peuple et les guerriers.

Le sanctuaire Tsurugaoka Hachimangu

Sculptures de samourai placées devant le sanctuaire
alors qu'à l'époque ils étaient les gardiens du Shôgun.

Ce sabre (Katana) est une pièce de musée de Kamakura

Jadis, les sabres étaient importés de la Chine. Toutefois, c'est durant la période Heian que fut découvert le fer au Japon et de plus les nouvelles techniques ont permis la naissance du sabre japonais. Indéniablement, au Japon, le sabre était considéré comme étant l'esprit même du guerrier, toutefois, durant la période d'Edo, le sabre fut élevé dans sa production à des qualités artistiques et c'est ainsi qu'il devint très recherché à travers le monde entier.

Kamakura, avec sa population d'environ 165 000 habitants, située à 51 km sud de Tokyo, est reliée à cette dernière par de nombreux trains électriques.

Daibutsu (Grand Bouddha)

L'importante statue de Bouddha. Contrairement à ce
que l'on pourrait croire, ses yeux sont ouverts et il
regarge vers le bas quelques pieds devant lui.

Petite église de la chrétienté dédiée à la Vierge Marie.
Kamakura n'est qu'à une heure de train de Tokyo.

Saint François Xavier, jésuite espagnol, né au
Château de Xavier à Navarre (1506-1552) célèbre par
ses nombreuses missions, fut le premier missionnaire
à fouler le sol japonais en l'an 1548.

Cette statue de bouddha mesure plus de 35 pieds de hauteur. Elle est à cet endroit précis depuis l'an 1252.

Position particulière des mains durant la méditation.

Les noms des familles qui à l'époque ont souscrit à cette réussite grandiose sont incrustés dans le bronze même de la statue au bas à l'arrière.

Le Mont Fuji d'une splendeur inoubliable.

Le Mont Fuji

Vous pouvez vous rendre au Japon et ne jamais pouvoir admirer le merveilleux Mont Fuji, tout dépend de dame nature. Au pied nord du mont s'étend la région des cinq lacs: Yamanaka, Kawagu-chi, Saiko, Shoji et Motosu. Cette région vous éblouie par ses forêts, ses lacs et ses paysages calmes. Elle se prête on ne peut mieux aux activités récréatrices et à la détente. En hiver, l'on peut y chasser le canard sauvage. À flanc de coteau, poussent plus de 2000 espèces de différentes plantes réparties selon les facteurs environnants dont l'altitude. Au Japon, le mont et la montagne ont une importance sacrée! Ils sont considérés comme demeure de créateurs extraordinaires, plus puissants que les hommes sans être des dieux.

Le mont Fuji ou Fuji San a une hauteur d'environ 3776 mètres au-dessus du niveau de la mer, c'est le plus haut sommet de tout le Japon. Il peut être escaladé, de plus des autobus se rendent jusqu'au niveau de 1500 mètres. «Montagne Nationale du Japon», son cratère est vénéré par le peuple sous le nom de «NAI-IN» et son diamètre est d'environ 500 mètres et sa profondeur de 221 mètres. Toute l'année durant, il se révèle un lieu idéal pour se divertir. En été, il y a la pêche et la natation, en hiver le patinage et le ski. Il n'est qu'à 2 h 40 d'autobus de Tokyo.

Moyenne des températures, de l'humidité et des pluies

Villes	Avril			Juillet			Octobre			Janvier		
	H	P	T	H	P	T	H	P	T	H	P	T
Fukuoka	74	10	13,9	81	11	26,5	76	7	17,3	69	12	5,3
Hiroshima	71	10	13,0	82	8	25,5	75	6	16,8	71	7	4,1
Kyoto	67	7	13,1	76	8	26,1	74	5	16,7	72	5	3,5
Nagoya	69	10	13,1	81	12	25,7	76	9	16,6	71	7	3,2
Tokyo	66	10	13,5	79	10	25,2	74	11	16,9	57	5	4,1
Sendaï	67	8	9,6	86	13	22,1	77	9	14,0	71	6	0,6
Sapporo	68	9	6,0	80	9	20,2	74	13	10,4	75	16	-5,2

Légende: H. humidité; P: jours de pluie; T: température en degrés celcius.

Pour ceux qui ont visionné la fameuse série Shōgun, ils se souviendront que le rôle de Toranaga est joué par l'excellent acteur Mifune Toshirō San. Nous pouvons admirer la façade de son domicile.

Seijō

Seijō se caractérise par la politesse et la gentillese de ses résidents, par l'aspect résidentiel qu'elle dégage, par son université qui accueille de nombreux étudiants(tes) et aussi par les nombreux et merveilleux jardins de verdure et de fleurs multicolores que l'on peut admirer en faisant une promenade dans les petites, moyennes et larges rues de ce secteur situé à l'intérieur de la métropole, Tokyo.

Une rue principale de Seijō.

Magnifique petit restaurant, l'on y mange d'excellents
mets japonais très variés.

Il y a un nombre infini de jardins de roses dans ce secteur résidentiel.

Pancarte publicitaire de l'un des candidats Saitō Eisaburō San aux élections de 1980. Il détient trois doctorats: le Commerce, Droit et Arts. Son slogan durant sa campagne électorale regroupe: l'énergie, les prix aux consommateurs, l'éducation et l'emploi.

Petite, mais tellement agréable de se promener sur cette rue résidentielle remplie d'arbres et d'un calme que l'on peut facilement imaginer.

Le musée national de Tokyo

Extraordinaire architecture de l'imposant musée national de Tokyo.

Les trésors du passé y sont en exposition et il y en a plus
de 86 000. C'est le plus grand musée du pays.

Selon des experts japonais en la matière, cet arbre assez spécial aurait plusieurs siècles d'existence. Il est situé dans le jardin du musée national.

Groupe d'étudiants et d'étudiantes du niveau primaire.

Tous les étudiants japonais portent le costume et par leur discipline, ils sont un modèle à imiter.

Lorsque à Montréal, nous sommes à l'heure avancée de l'Est, à Tokyo, ils ont 13 h d'avance. Autrement dit, nous sommes au 1er août à Montréal et il est 17 h donc à Tokyo c'est le 2 août et il est 6 h.

La lutte Sumō

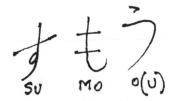

La lutte sumō est un sport dont le style est japonais. Il m'apparaît être le sport national du pays du soleil levant. Six tournois professionnels ont lieu chaque année devant des foules nombreuses. Le reportage télévisé de ce sport, d'un bout à l'autre du pays, permet à des millions d'auditeurs de se divertir tout en vivant des moments passionnants et forts émouvants. La vie sportive au Japon est pratiquement identique à celle du Canada, des États-Unis ou d'autres pays occidentaux, en faisant exception de la lutte sumō.

Revenons, si vous le voulez bien, à la lutte sumō. Tout d'abord, ce sport incarne l'esprit et l'essance même du Japon de plus, c'est une activité sportive unique. Je ne m'étais pas imaginé que ce sport ou plutôt ses origines dataient d'au moins mille ans et qu'en plus, le style et la forme actuellement utilisés ont déjà plusieurs siècles d'existence. Le cérémonial de ce sport ainsi que sa forme jouent un rôle majeur en créant l'atmosphère qui s'en dégage. Le jeu des pieds, le claquement des mains, le lancement du sel, le fait de dévisager son adversaire et faire de faux départs sont essentiels et font partie du spectacle. Les exercices qui précèdent la ronde ont une valeur historique, car c'est de cette façon-là que sont captés et préservés la gloire ainsi que les traditions de ce sport, ils ont aussi une valeur psychologique pour les deux participants ainsi que pour tous les spectateurs, car ils créent lentement une anticipation ainsi qu'une certaine excitation. Ensuite, se produit le combat, la rencontre entre les deux sportifs. Les formalités qui précèdent durant environ de quatre à cinq minutes, alors que le combat réel ne dépasse jamais une minute, s'il en existe, ils est extrèmement rare que cette durée soit dépassée. C'est ce qui en fait l'un des sports les plus rapides et des plus courts dans le monde. La raison est facile à comprendre, les lutteurs sont très gros, très lourds, ils pèsent jusqu'à 370 livres environ et la majorité de cette graisse est concentrée dans l'estomac. Pour gagner un combat, il faut, soit pousser son adversaire hors du cercle situé au centre de l'arène ou le faire toucher au sol, à l'intérieur du cercle, par une partie de son corps, à l'exception des pieds. Il est toujours surprenant de voir avec quelle force, quelle agilité, quelle endurance, quelle vitesse et quel équilibre cas mastodontes se livrent à ce sport. Comme dans tous les autres sports, plus on en connaît les règles du jeu, plus il devient intéressant. Ils ont aussi leur fan club. Plus le lutteur gagne de combats ou s'il a une très bonne allure, sa popularité augmente ainsi que le nombre de membres du fan club. J'ai vu l'empereur Hirohito y assister de sa loge privée.

Force, endurance, vitesse et équilibre.

Tokyo

Pour visiter vraiment Tokyo, il faut se servir de ses jambes et marcher pour bien admirer tout ce qu'il y a comme sites, et il y en a! Ginza que l'on voit ci-dessus est vraiment un des plus beaux à visiter, surtout le soir par les jeux multicolores d'enseignes lumineuses. Ce centre nerveux déborde d'activités de toutes sortes, il se situe entre le palais impérial et la baie de Tokyo. Il est divisé en deux par une rue d'environ 2 km de long et depuis plusieurs années, la circulation de véhicules y est interdite le dimanche, devenant ainsi un paradis de magasinage ou de lèche-vitrine pour des milliers et milliers de Japonais. J'y ai visité plusieurs magasins à rayons et autres comme le Mikimoto où l'on trouve les plus belles perles au monde, le Kanebō pour la soie et bien d'autres.

Il y en a tellement qu'il m'est impossible de vous les énumérer tous. Ce qui m'a frappé, c'est cette politique qui caractérise les Japonais c'est-à-dire que lorsque vous entrez dans un magasin à rayons, tout d'abord, une demoiselle vous souhaite la bienvenue et vous accompagne tant et aussi longtemps que vous n'avez pas terminé vos achats, aussi elle vous débarrasse de sacs contenant vos achats pour vous les remettre à la toute fin et c'est à cette demoiselle que vous payez et elle-même se rend à la caisse et revient avec votre monnaie et votre marchandise.

J'ai aussi constaté, pour le bénéfice des dames et des demoiselles, la véracité de ce que l'on m'avait dit et je puis vous assurer que Ginza est réellement un royaume de cosmétiques. C'est aussi un paradis des gourmets. Il regroupe de nombreux restaurants et l'atmosphère y est superbe. Il y a aussi d'autres quartiers très intéressants à visiter comme ceux de Ikebukuro, Shibuya et Shinjuku (il regroupe plusieurs gratte-ciel). Il y a aussi des quartiers de classe moyenne, celui de Asakusa est aussi très bien. Je pense que mes amis japonais ont raison, lorsque vous vous promenez tout le long de Ginza et de Asakusa, vous rencontrez presque toutes les classes de la société japonaise. Au Japon, ce sont les terrains, les maisons et les appartements qui sont très dispendieux. À Tokyo, et à titre d'exemple, le prix d'un 3 ½ pièces régulier est au moins le double du coût que vous défrayez à Montréal pour un grand 3 ½ pièces (loué).

Bien que très modernisée, Tokyo a conservé beaucoup de son charme que l'on retrouve dans les festivités pittoresques qui co-existent avec l'architecture et l'animation de ses quartiers d'affaires.

L'hôtel New Ōtani est certe un des plus grands et des
plus luxueux situés au coeur de Tokyo. Il compte plus de
quarante étages, plusieurs magasins et restaurants.

Quels que soient vos goûts et vos spécialités culinaires,
vous trouverez de tout au Japon qui est un paradis à cet
égard.

D'ailleurs, toutes les cuisines de l'Europe et de l'Asie
sont représentées par des établissements de catégories
différentes. L'excellence de la viande, du produit de la
mer et des légumes japonais est proverbiale. L'eau ne
présente pas de problème, vous pouvez en boire à votre
guise et sans crainte.

On ne porte presque plus le kimono à Tokyo.

Torii (entrée, portail). Il est construit de cyprès vieux de plus de 1700 ans. L'auteur, saluant un groupe de Français de Paris en visite au Japon.

Il y a une étiquette à suivre lorsque l'on va à un sanctuaire pour prier.

1- Être vêtu proprement, passer sous les colonnes appe-
lées Torii, marcher par le Sandō ou le chemin con-
duisant au sanctuaire.

2- Aller au bassin de prières rempli d'eau et s'y laver
complètement les mains. Avec l'instrument disposé,
remplir la tasse, déposé l'eau dans votre main en
forme de tasse et se gargariser.

3- Avancer devant le dieu qui est à l'intérieur du sanctuaire. Ensuite, lancer de l'argent, papier ou monnaie, dans le grand coffret d'offertoire.

4- Ensuite, saluer profondément deux fois.

5- Ensuite, frapper dans vos mains deux fois.

6- Faire un dernier salut en se pliant beaucoup vers
l'avant. Autrement dit, saluer profondément une
dernière fois.

Derrière le sanctuaire Meiji, période (1867-1912) il y a
le Musée Homotsu-Den, ouvert au public tous les jours
de l'année, qui expose les trésors utilisés par l'Empereur
Meiji et l'impératrice douairière Shoken. Il y a environ
80 000 sanctuaires shintoïstes au Japon.

Architecture du sanctuaire Meiji. Cette technique éli-
mine totalement l'utilisation du clou.

Pour chasser les mauvais esprits, on utilise l'instrument
blanc, situé près de la colonne, que l'on agite.

86

En 1868, l'Empereur Meiji s'engage à respecter l'opinion publique, à développer les relations avec l'étranger et à acquérir les connaissances universelles. Edo devient la capitale sous le nom de Tokyo. En 1872, les écoles primaires publiques sont instituées dans tout le pays et le premier chemin de fer japonais reliant Tokyo à Yokohama est inauguré. En 1873, le port des épées est interdit. En 1896, le cinéma fait son apparition sans oublier que c'est en 1895 que les tramways électriques commencent à circuler à Tokyo.

La population de Tokyo est d'environ 15 millions de Japonais. Le temple Sensōji est entouré de nombreux petits magasins de souvenirs qui s'entassent presque les uns sur les autres dans un immense rectangle. Les saloons, les bars, les théâtres, les cinémas, etc... y foisonnent. Ce qui m'a surpris à Tokyo, c'est que je m'attendais à voir presque tous les Japonais en kimono et c'est le contraire qui s'est produit. J'espère, toutefois, qu'un jour ils retourneront à cette tradition extrêmement colorée.

Le temple Sensōji, le plus ancien et d'une rare splendeur, s'élève dans le quartier Asakusa. Un immense parc d'une beauté inouïe, s'étale à environ 2 kilomètres à l'ouest du palais impérial, c'est précisément celui qui entoure le sanctuaire de Meiji. Le gigantesque stade national, d'une capacité de 75 000 sièges, est situé à Kasumigaoka. C'est dans un oasis de verdure couvrant plus de 255 acres que se trouve le palais impérial. Un mur de pierres qui à son tour est entouré d'eau le ceinture. Ce mur rappelle la période de Edo (1603-1867). Le magnifique sanctuaire de Meiji doit son nom à l'empereur qui régna sur le Japon durant la période de 1868-1912. Il fut érigé en 1920 et détruit durant la guerre. Aujourd'hui, il faut voir et admirer une parfaite réplique.

L'annonce publicitaire verticale, sur l'édifice de gauche
est une publicité pour le film qui remporta le grand prix
de Cannes en 1980 «Kagemusha».

Baie de Tokyo

Toute pollution écologique a disparu de la baie de Tokyo. Aujourd'hui, la voie de la navigation la plus importante du Japon a effectivement retrouvé, grâce à la réussite d'un projet d'assèchement, l'aspect, comme jadis, de propreté impeccable pour la très grande joie de nombreux pêcheurs car les poissons y sont revenus ainsi que les oiseaux aquatiques particulièrement, près de l'aérogare d'Haneda.

Environ 20 millions de Japonais vivent tout près de la baie de Tokyo et c'est ici qu'autrefois la pêche fournissait une nourriture à toute la population, $1/5$ de production industrielle du Japon est représentée ici, sur ces rivages par deux zones d'industrie diversifiée qui y ont été créées de toute pièce. La population de cette magnifique baie a raison d'être fière car l'on peut affirmer, sans se tromper de nos jours, qu'elle est devenue un immense oasis où il fait bon s'en donner à coeur joie, que ce soit pour prendre une marche ou aller à la pêche, même aux crustacés. Grâce aux protectionnistes qui ont l'oeil ouvert, le monde industriel s'évertue à développer de nouveaux systèmes antipollution pour les raffineries et les industries et c'est tant mieux.

Jardin dans sa splendeur printanière situé dans l'environnement du Musée national de Tokyo.

Jardins de l'hôtel
New Otani

Naturels et somptueux.

J'ai vu ici des poissons (une quarantaine) répondant
aux claquements des mains en se dirigeant vers la personne et sortir de l'eau à moitié pour recevoir une
rapide caresse sur la tête, incroyable mais vrai!

Chapitre II

Les religions, l'éducation, la culture et les communications

Une partie des magnifiques jardins de l'Hôtel New Otani.

Ikebana (l'art floral)

Aujourd'hui, de tous les arts traditionnels japonais, il semble bien que ce soit l'ikebana le plus fameux et aussi celui que l'on pratique le plus dans tout le Japon. Ces arrangements floraux sont harmonieusement préparés et complétés par des méthodes étudiées à fond. Ses origines remontent à plusieurs centaines d'années, il existe toujours, cet art, comme l'un des éléments vitaux dans ce monde contemporain de l'art. Il est encore de nos jours omniprésent, de la fenêtre du bureau à la salle de conférence et à l'hôtel. L'on ne peut plus dire que cette grande famille d'artiste japonais est exclusive au Japon car l'on rencontre des professionnels, de nombreux amateurs de l'ikebana dans tous les pays du monde, ou presque, mais l'ikebana demeurera toujours quant à moi, l'art japonais par excellence. Sans s'éloigner des bases fondamentales de cet art, chaque école possède ses règles particulières et certains cherchent à produire une expression sous des formes qui dépassent les styles traditionnels.

Il existe plusieurs écoles d'ikebana et certaines ont des classes en anglais.

Aoki Nanao

Aoki Nanao   *Aoki Nanao*

Chacun des arrangements floraux, dans l'amour de la nature, reflète une dimension nouvelle.

Aoki Nanao

La forme de base de l'ikebana suit un plan pré-
conçu: un triangle de trois bagues représentant le ciel,
la terre et les hommes. C'est sur les distances, la
forme, l'harmonie des couleurs et finalement sur la
ligne de perfection que l'on met l'emphase. C'est ce
qui paraît être tellement facile à réussir pour Aoki
Nanao San. On voit sur ces quelques photos, le talent
indéniable qu'elle reflète à travers ses arrangements
floraux. Le très important, comme elle le dit bien,
c'est le sens du naturel, un arrangement floral qui
englobe la nature sous tous ses aspects.

BONSAÏ
(l'art de cultiver des arbustes)

A.L.

Des millions de Japonais adorent cultiver de minuscules arbustes dans le but de demeurer toujours près de la nature. Ici, il ne s'agit pas de miniaturiser la nature, mais plutôt de donner l'impression, lorsque l'on regarde un bonsaï, que l'on se trouve en présence d'un grand arbre et que l'on a recréé la nature de son environnement. Le plus célèbre village de bonsaï est situé à Omiya près de Tokyo.

La musique

Les instruments de musique typiquement japonais sont le shakuhachi, instrument qui ressemble à la clarinette, fait de plusieurs morceaux de bambous; le koto avec ses treize cordes de soie; le shimasen, instrument à trois cordes du type balalaika. Le shakuhachi, jadis réservé aux moines d'une secte bouddhiste Zen; précédant la période Meiji, a fasciné, par la profondeur de son timbre et la gamme de ses tons, plusieurs musiciens étrangers. Le koto est probablement l'instrument le plus populaire. Depuis 1870, l'on enseigne la musique occidentale dans les écoles. Aujourd'hui, toutes les formes de la musique occidentale sont composées, jouées et appréciés à travers tout le pays. À Tokyo, l'on compte au moins sept orchestres symphoniques principaux et plusieurs autres au niveau local. Au Japon, il y a au moins 20 conservatoires de musique qui forment régulièrement, génération après génération, de tout jeunes artistes et chanteurs. L'on retrouve aussi, l'enseignement du ballet à travers bons nombres d'académies de danse.

La musique de l'instrument Koto, par son développement a été l'une des contributions des plus valables de l'histoire de la musique classique japonaise. Même si la musique de Koto s'est vraiment établie au XVIe siècle, l'on dit que certains personnages auraient retracé ses origines au VIIIe siècle. Cet instrument donne un son qui s'apparente à celui de la harpe. L'on retrouve ses origines en Chine. Il mesure près de deux mètres de longueur.

Cérémonie du thé (chanoyu)

C'est vers le 13e siècle qu'est née la cérémonie du thé alors qu'elle est au service de la secte Zen de la religion bouddhiste. Toutefois c'est au 16e siècle qu'elle fut vraiment érigée en un art traditionnel unique. Ce thé au goût très âcre se boit dans une tasse souvent très décorative du nom de Chawan.

Ce culte esthétique est toujours en vogue parmi les Japonais d'une certaine éducation. Aussi, il est considéré comme une discipline mentale et comme façon d'étudier, d'apprendre l'étiquette avec des manières élégantes.

Le théâtre classique Nō et le Kyōgen

Le théâtre classique Nō dans ses formes du début est un art qui jouit d'un énorme prestige et, dans le cours du temps, il se développe en un art aristocratique pour ne pas dire presque rituel. Sa signification est «talent» et par extension veut aussi exprimer l'exécution de ce talent à l'intérieur d'une performance. Sa raison d'être tout en demeurant dans l'esprit du drame, n'est pas simplement pour divertir en surface, mais bien pour émouvoir profondément et très intimement, pour toucher la corde la plus sensible de l'émotion humaine. Ils combinent plusieurs éléments dont le folklore, la littérature classique, les religions shintoïste et bouddhiste. Ce théâtre classique japonais a 600 ans d'histoire et ce n'est pas exagéré de dire qu'il est un art d'un raffinement extrême et d'un symbolisme très poussé. Ce sont deux hommes, le père et le fils, Kan Ami et Ze Ami, qui ont créé ce théâtre classique Nō vers la fin du 14e siècle.

Ils ont réussi parce qu'ils ont innové sur le Sarugaku, forme de divertissement très populaire hérité de l'antiquité, d'origine mêlée, indigène et étrangère. Le Nō fut l'objet d'une protection spéciale du gouvernement jusqu'à l'ère Meiji vers la fin du 19e siècle. En effet, au cours de la période TOKUGAWA, il avait été considéré officiellement comme une cérémonie rituelle du gouvernement des «shōguns» ce qui n'est plus le cas aujourd'hui.

Art vraiment superbe et d'un charme subtil, il est né de toutes les restrictions qui lui sont imposées par la stylisation du costume, du masque, des gestes stéréotypés qui effacent l'individualité de l'acteur. Même le visage sans masque ne doit jamais montrer de signe d'émotion ou de changement d'expression. En fait, c'est un semblable refus du réalisme voulant que les acteurs jouant un rôle de femme n'essaient jamais d'imiter une voix féminine que ce soit dans leurs chants ou leurs dialogues. De nos jours, il reste environ 240 pièces du théâtre classique Nō. Le KYŌGEN est principalement une farce de mime dont le but primordial est de faire rire. Il est un genre théâtral inséparable du drame Nō sans toutefois perdre sa distinction et son indépendance. Son origine et son développement sont parallèles à ceux du Nō. La coutume d'insérer une pièce de Kyōgen comme interlude entre deux pièces de Nō remonte à six cents ans. L'acteur du Kyōgen est un professionnel spécialisé uniquement dans ce genre théâtral. Maintenant, ils sont environ 70 acteurs et comme pour le Nō, ce sont tous des hommes.

L'acteur du Kyōgen ne porte jamais de masque même lorsqu'il s'agit de représenter un personnage féminin quel qu'il soit. Le Kyōgen est une pièce dialoguée sans accompagnement musical alors que le Nō est un drame dansé. Les acteurs du Nō ont les pieds toujours enveloppés dans un «tabi», étoffe blanc alors que ceux du Kyōgen ont des «tabi», étoffes de couleurs unie ou ornée de dessins quadrillés. Présentement, il y a un peu plus d'un millier de personnes pour qui le Nō est leur profession et, dans les pièces qu'ils présentent, la flûte de bambou est l'unique instrument mélodique et tous les autres instruments sont de percussion destinés à marquer le rythme.

Le théâtre kabuki

Le kabuki est l'un des arts dramatiques traditionnels du pays. C'est à la fin du 16e siècle que l'on
retrouve son origine. Sa grâce a subi une évolution
constante et, aujourd'hui, il est à un état de raffinement classique. Bien que sa prospérité ne soit plus
celle d'autrefois, il n'en demeure pas moins qu'il con-
serve une impressionnante popularité parmi la nation
japonaise. Durant la période de Edo (1603-1867) pendant laquelle une large part de son évolution s'est
faite, la distinction entre les classes des samurais et les
gens de classe commune s'est accusée plus clairement
qu'à toute autre époque de l'histoire du Japon. L'art
kabuki était cultivé principalement par des mar-
chands d'alors. Ceux-ci devenaient de plus en plus
économiquement puissants alors qu'ils étaient con-
traints, forcés ni plus ni moins, à rester socialement
inférieurs parce qu'ils étaient des roturiers. Évidemment, à leurs yeux, la kabuki représentait un puissant
moyen artistique pour exprimer ensemble leurs émo-
tions dans ces circonstances. Voilà pourquoi l'on
retrouve comme principaux thèmes des pièces de
kabuki, des conflits entre l'humanité et le régime féo-
dal. L'art kabuki doit pousser une large part sa popularité durable chez le peuple d'alors et aussi chez le
public d'aujourd'hui à cette qualité humaniste.

Un des aspects les plus significatifs de cet art dramatique traditionnel, probablement le plus important, il n'y a aucune actrice. Tous les rôles féminins
sont joués uniquement par des acteurs communément
reconnus sous le vocable «OYAMA» (ONNA-
GATA). Ce qui surprend c'est qu'au début le drame
kabuki était joué surtout par des femmes, mais
comme cet art devenait de plus en plus populaire et

que plusieurs actrices commençaient à attirer l'attention injuste des admirateurs, les autorités y virent une démoralisation très sérieuse du public et en 1629 l'on interdit officiellement toute représentation théâtrale jouée par des femmes. Parce que cet art avait déjà été accepté par le public comme étant une forme artistique réelle, les hommes y succédèrent immédiatement et ont continué de jouer jusqu'à présent.

L'interdiction d'un rôle joué par une actrice dura près de 250 ans. Pendant ce temps-là, l'on oeuvra à perfectionner l'art d'onnagata, et comme conséquence, lorsque fut levé finalement l'interdiction, il n'y avait plus de place pour les actrices et en plus de ça, l'art d'onnagata étant devenu partie intégrante du kabuki, à son défaut la qualité traditionnelle du kabuki risquerait à tout jamais de se perdre.

Cet art a puisé ses techniques scéniques et son répertoire parmi les arts traditionnels dont le Nō et le Kyōgen, interlude comique présenté, comme vous le savez, entre les représentations du Nō. Durant le 17e siècle, certains grands écrivains japonais, dont CHIKAMATSU MONZAEMON, qualifié le «shakespeare du Japon» ont quitté l'art kabuki dominé par les acteurs et se sont tournés vers le théâtre des marionnettes. Avant l'avènement du kabuki, le peuple japonais n'avait jamais vu de représentations théâtrales de telle couleur, de tel charme et de telle excitation.

En tenant compte uniquement de ces qualités, aucun autre théâtre au monde ne pourra le dépasser. Dans le répertoire conventionnel l'on compte environ 300 pièces kabuki. Cet art démontre bien que dans l'histoire théâtrale du monde, l'art dramatique, une fois sa forme stabilisée dans un état quasi parfait, peut survivre à l'épreuve du temps, même lorsque ses élé-

ments littéraires ne sont plus contemporains. Le
kabuki a été et semble destiné à demeurer dans la
gloire et l'affection de ce grand peuple japonais.

La maison du Québec à Tokyo

**M. et Mme. Aoki à l'intérieur des locaux de la maison
du Québec à Tokyo lors d'une visite que nous y avons
effectué (Mai-1980).**

Temples et sanctuaires à Kyoto

La ville de Kyoto, située à 43 km au nord-est d'Osaka, avec une population d'environ 1 500 000 habitants, est riche en traditions et souvenirs historiques. Cette perle du Japon est incontestablement le centre des arts industriels et décoratifs. Elle fut, jadis, de 794 à 1868, la capitale du Japon. Elle est couverte de temples et de sanctuaires. Le temple KINKA-KUJI, pavillon d'or, dont la construction remonte vers l'an 1397 à l'époque Muromachi, fut détruit par un incendie et construit à nouveau vers l'an 1950. Sa somptuosité le consacre comme oeuvre de maître du 14e siècle.

Le temple KINKAKUJI

Le temple Sanjūsangen-dō

Temple au 1001 statues

Le sanctuaire Heian (période Heian 794-1184)

Il y a environ deux cents ans, à Kyoto, l'on construit le temple Higashi-Honganji, cathédrale par sa somptuosité, en l'honneur de Bouddha. Les câbles utilisés pour monter les poutres et les pièces lourdes ne résistaient pas, les travaux furent temporairement arrêtés. Le câble qui résista avec brio et avec lequel furent terminés les gigantesques travaux est toujours en exposition à l'intérieur du temple. Il fut fabriqué avec des tresses de cheveux offertes par 16 000 japonaises.

Le château Nijō à Kyoto

Sa construction remonte en 1602   D'un aspect monumental

Les religions

La constitution japonaise de 1946 garantit à tous la liberté de culte. Actuellement, la religion la plus importante est le bouddhisme qui groupait plus de 88 millions de Japonais à la fin de l'année 1978. Le christianisme est aussi représenté avec, à la même année, environ 1 million de Japonais. En ce qui touche les autres religions, on compte quelques 36 000 musulmans y compris les étrangers qui résident temporairement au Japon. En 1945, il y avait dans la ville de Nagasaki une magnifique cathédrale du nom de Urakami et cette église catholique fut complètement détruite par l'explosion de la bombe atomique à 11 h 02 minutes le 9 août de la même année. Cette immense cathédrale pouvait contenir 14 000 personnes. Elle était située à 500 mètres du centre de l'explosion et le père Nishada Saburo ainsi qu'une dizaine de fidèles furent broyées sous les ruines.

C'est en 1932-33 qu'est fondé le séminaire des messieurs de Saint-Sulpice à Fukuoka, ville située au nord de l'île Kyūshū. Parmi les premiers missionnaires de 1932, il y eu monsieur Paul-Émile Léger, sulpicien (aujourd'hui le cardinal Paul-Émile Léger) et monsieur Charles Prévost également sulpicien. Monsieur Léger nous revint en 1938. Après la guerre de 1945, alors qu'une continuation a toujours existée l'on procède, particulièrement vers 1948, à une véritable mise en oeuvre. Aujourd'hui, il y a une soixantaine de séminaristes. Parmi les responsables au nombre de huit, nous reconnaissons quatre japonais: ce sont messieurs Yamauchi Michel, Takaki Pierre, Nakahama Michel, Akaichi Thomas, Marcel Trudel, Jean-Paul Lebelle, Alcide Laplante et Zénon Yelle.

L'actuel évêque catholique de Fukuoka, monseigneur Hirata Pierre, est d'origine japonaise.

Le shintoïsme existe de pair avec le bouddhisme et souvent s'y confond dans l'esprit même de la majorité des Japonais. Beaucoup de couples se marient selon les rites du shintoïsme et demandent des funérailles ainsi que l'enterrement dans le rite bouddhiste. La religion shintoïste est originaire du Japon, elle incarne le culte indigène. Les Japonais, d'abord animistes voyaient alors l'intervention divine dans tous les phénomènes de la nature et retrouvaient partout et dans tout, l'esprit des morts.

Le shintoïsme ou divinité devient rapidement une religion communautaire, avec ses sanctuaires locaux érigés pour tous les dieux gardiens des foyers et des localités.

Les héros et les chefs prestigieux des communautés furent divinisés par des générations entières qui rendaient aussi un hommage aux esprit des ancêtres familiaux. C'est le mythe de l'origine divine de la famille impériale japonaise qui en fait devint une des pierres angulaires de la religion shintoïste. Au début du XIXe siècle un mouvement patriotique shintoïste acquit une certaine influence. Après la restauration de Meiji, complétée en 1868, et particulièrement pendant la deuxième guerre mondiale, le shintoïsme fut considéré comme religion d'État, encouragé par les autorités. Aujourd'hui, il ne bénéficie plus d'aucun privilège officiel particulier, selon les termes mêmes de la constitution; toutefois, le shintoïsme continue à jouer un rôle important et cérémonial et enfin symbolique dans de nombreux aspects de la vie japonaise.

Le bouddhisme, originant de l'Inde, fut introduit au Japon par la Chine et aussi la Corée vers le milieu du VIe siècle.

Ce merveilleux trésor national mesurant environ 259 cm de hauteur est la plus grosse cloche de Kamakura. Elle lui fut donnée en l'an 1301 par le Shikken* Hōjō Sadatoki.

* *Shikken titre qui a été remplacé par Shōgun.*

Il fut propagé par les autorités japonaises dans tout le pays étant sous la protection impériale. C'est au début du IXe siècle que le bouddhisme japonais entrait dans une nouvelle période, il était pratiqué surtout par les aristocrates de la cour et contribuait de façon globale au développement culturel du pays. Une époque d'agitation politique et de confusion sociale pour le peuple japonais prit place durant la période de Kamakura 1192-1333. Ce qui fit naître plusieurs nouvelles sectes bouddhistes qui répandirent l'espoir du salut plus largement, plus intensément parmi les différentes classes de la société japonaise. C'est surtout à ces époques que le bouddhisme fleurit en tant que religion et permit aussi l'enrichissement des arts et des connaissances au pays du soleil levant.

Mariages et divorces

Au Japon, les hommes se marient en général entre 25 et 29 ans, les femmes entre 24 et 26 ans, soit en moyenne 27,4 ans pour les hommes et 25 ans pour les femmes. Ces chiffres font partie d'une étude publiée par le ministère de la Santé et des Affaires sociales. Antérieurement, les jeunes Japonais (la majorité) trouvaient leur conjoint par l'intermédiaire des omiai (entrevues organisées par les parents et les amis). À cette époque, l'on prenait surtout en considération les liens entre les familles des conjoints. Aujourd'hui, la plupart des jeunes gens se marient selon leur choix, mais par ailleurs, le pourcentage des divorces augmente.

Taux de divorces		
	Pour mille habitants	
Japon	1965	0,79
	1971	0,99
	1977	1,14
États-Unis	1976	5,02
U.R.S.S.	1976	3,35
Hongrie	1977	2,54

Source: annuaire démographique de l'O.N.U. de 1977

Hakone

Les fêtes nationales et le jardin Meiji

Jour fériés

Jour de l'an	1er janvier*
Jour des Adultes	15 janvier
Jour de la Fondation	15 février
Printemps, été	20 ou 21 mars
Anniversaire de l'empereur	29 avril
Jour commémoratif de la Constitution	3 mai
Jour des Enfants	5 mai
Jour de la Vieillesse	15 septembre

112

Été, automne	23 ou 24 septembre
Jour de la Culture physique	10 octobre
Jour de la Culture	3 novembre
Fête du Travail	23 novembre

* Les trois premiers jours de l'année sont pratiquement fériés car tous les bureaux sont fermés.

L'empereur Meiji et l'impératrice douairière Shōken ce sont souvent promenés dans ces merveilleux jardins, oeuvres d'art dans la finalisation manuelle de leur origine naturelle.

Le merveilleux jardin de KEIO HYAKKAEN situé à Tokyo

Les journaux

Au Japon, 90% des quotidiens sont livrés à la maison, la résidence. Les autres sont vendus aux stations de train, le matin. La circulation quotidienne, à travers tout le Japon, est de 63 millions d'exemplaires. Vous avez bien lu, oui, 63 millions de quotidiens en circulation. Plusieurs journaux opèrent les nouvelles télévisées de leurs propres salles de rédaction. Le journal «Journal de l'Économie japonaise» possède, depuis plusieurs années, une technologie très avancée à l'intérieur même de ses propres locaux dont des cerveaux électroniques controlant la mise en page.

À moins d'une nouvelle extraordinaire de toute autre nature, la page frontispice est toujours réservée aux développements significatifs dans les secteurs politique et économique. La très forte saveur internationale que fait voir les média de nouvelles imprimées reflète bien l'intérêt du public japonais en général vers les événements étrangers et cela se comprend facilement car elles ont un impact énorme dans la vie de tous les jours au Japon.

Il y a même un peu plus que ça dans cet immense reportage d'événements mondiaux, et c'est une raison historique. Il y a un peu plus de cent ans, comme le Japon venait tout juste de se sortir de près de 300 ans d'isolation, il y avait une prise de conscience vis-à-vis l'importance d'enseigner à un public japonais uniforme des événements se produisant à l'intérieur d'autres pays et aussi comment ces mêmes événements pouvaient les affecter tous.

Le réseau faisant la distribution de journaux aux souscripteurs tous les jours, que ce soit dans les montagnes ou dans les villes, est formé de 380 000 élèves ou étudiants venant des niveaux secondaires ou collégiaux. Aujourd'hui, le Japon est nettement une société d'information multi-média. Et, considérez le fait que la langue japonaise requiert des connaissances de mémorisation et d'utilisation de plusieurs milliers de Kanji ainsi que d'une solide compréhension de plusieurs douzaines de lettres phonétiques pour la bien comprendre. L'on peut dire que les journaux japonais sont caractérisés par l'immense stress ou pression sur la couverture internationale.

Réseau NHK (Nihon Hōsō Kyōkai)

Le réseau de télévision et de radio NHK produit quelque chose comme 1 700 programmes télévisés et radiodiffusés par semaine, sans un seul commercial. En fait, c'est le système du secteur public. Sa seule source de revenus est constituée des redevances versées par les auditeurs et les téléspectateurs.

Un des bureaux administratifs.

Le temps d'une pause (MA)

L'espace dans le sens d'intervale est considéré, au Japon, comme élément culturel que l'on désigne sous le vocable d'une pause, MA. Les Japonais ont cette formidable habileté de pouvoir jouir en même temps de la compagnie d'amis et de sons, calmement et en silence. Et veuillez m'en croire, cela se produit souvent. En effet, régulièrement, les Japonais semblent et sont effectivement capables de communiquer des pensées plus riches de sens par une pause plutôt que par un mot, et ceux qui ont des connaissances de base de la philosophie japonaise ou du Japon, comprendront tout de suite que cette pratique s'y apparente fort bien. Même si je n'ai que des connaissances de base de la langue japonaise, elles suffisent pour comprendre qu'elle est construite de telle façon qu'il ne soit jamais nécessaire de donner une réponse négative ouvertement. Ce qui facilite grandement cet idéal recherché d'un calme extérieur. Il faut bien comprendre les rythmes et les pauses de cette agréable culture japonaise pour arriver à maîtriser notre comportement d'occidentaux et jouir du merveilleux calme extérieur qui se dégage de la maîtrise de soi et d'une politesse hautement rafinée.

Moment de détente aux jardins (NIWA) de l'hôtel New-Ōtani au centre ville de Tokyo.

Office annuel de requiem pour les aiguilles brisées

J'ai appris qu'au Japon, il existe un office de requiem bouddhiste, une fois l'an, pour les aiguilles brisées. Cet événement serait populaire semble-t-il surtout chez les demoiselles oeuvrant dans la couture. Les Japonais reconnaissent cette cérémonie sous le nom de Hari-Kuyō. Le secteur d'activité concerné est de toute évidence celui des demoiselles qui oeuvrent, tous les jours presque et durant plusieurs années, dans la confection requérant un travail manuel de grande précision. Elles ont l'impression de voir une âme dans leurs outils de travail et chaque aiguille brisée est conservée jusqu'au jour du cérémonial, et déposée dans un gâteau de Tōfu.

L'éducation*

Avec sa population d'environ 116 millions de Japonais, ce grand pays sur plusieurs plans possède son système propre d'éducation. L'enseignement est obligatoire et repose sur le système «6-3» autrement dit six ans d'école primaire et trois ans de premier cycle du secondaire. Les enfants entrent à l'école à 6 ans et terminent le premier cycle à l'âge de 15 ans. L'enseignement obligatoire est gratuit. Il faut savoir qu'au Japon l'école obligatoire existe depuis plus d'un siècle et aujourd'hui, la proportion d'illettrés est très faible, soit 0,7% de la population âgée de plus de

---

* Source: Direction générale de l'information, ministère des Affaires Étrangères, Japon, La vie au Japon, code no 05501 (avril 1979). L'enseignement au Japon.

15 ans. Sachons bien que le principe premier, le but de l'éducation au Japon, est de former des citoyens indépendants dans un État pacifique et démocratique et dans une communauté ayant le respect des valeurs humaines. Au Japon, le préambule de la Loi Fondamentale sur l'éducation affirme: «Nous devons respecter la dignité de chacun et nous attacher à former des individus aimant la vérité et la paix, à répandre largement et profondément une éducation qui vise la création d'une culture universelle, mais aussi hautement individualisée». La loi interdit toute discrimination de race, de croyance religieuse, de sexe, de situation sociale ou économique ou d'antécédents familiaux. L'éducation mixte est autorisée. Il y a des établissements pré-scolaires au Japon. Les jardins d'enfants admettent ceux et celles âgés de 3, 4 ou 5 ans et leur offrent une à trois années de scolarité selon l'âge: les enfants de 3 ans suivent la scolarité de trois ans, ceux de 4 ans la scolarité de deux ans et ceux de 5 ans, celle d'un an. Voici un tableau intéressant qui donne les dernières statistiques des établissements scolaires, des enseignants et des étudiants aux différents niveaux de l'enseignements.

	Établis-sements	Professeur à plein temps	Inscriptions
Jardins d'enfants	14 227	97 551	2 497 730
Écoles primaires	24 826	445 719	11 146 859
Écoles secondaires, 1er cycle	10 777	247 732	5 048 293
Écoles secondaires, 2e cycle	5 098	233 936	4 415 074
Écoles spéciales pour enfants handicapés	685	25 197	71 774
Collèges techniques	64	3 734	46 636
Université du cycle court	519	16 017	380 299
Université	433	98 173	1 862 262
Écoles de formation spéciale	2 253	6 004	406 613
Écoles diverses	5 744	27 936	781 031

Le calendrier scolaire est différent de celui que l'on connaît chez nous au Québec et dans le reste du Canada. Au Japon, l'année scolaire commence le 1er avril et se termine le 31 mars de l'année suivante. Elle correspond à l'année fiscale. Au niveau de l'enseignement primaire et secondaire (1er cycle), l'année scolaire est divisée en 3 périodes; avril à juillet, septembre à décembre et janvier à mars. Les écoles supérieures (enseignement secondaire du 2e cycle) adoptent la division en 2 ou 3 périodes alors que la plupart des universités ont un système de 2 semestres. Toutefois, les vacances ont lieu en été, en hiver (juste avant et après le nouvel an) et au printemps (après les examens annuels). Les dates du commencement et de la fin des vacances d'été varient selon les endroits et aussi selon les niveaux d'enseignement. Elles débutent vers la fin de juillet et se terminent à la fin d'août (dans la plupart des établissements primaires et secondaires). Par contre, il y a des écoles rurales qui donnent des vacances au moment des moissons, au printemps et en automne, et dans ces cas particuliers, les vacances d'été sont raccourcies. Chaque école organise ses propres programmes en se basant sur le «Programme d'études du Ministère» et en considération des besoins locaux et du niveau de développement et d'expérience des élèves. Une révision générale du programme d'études pour les écoles primaires et secondaires du 1er cycle a été effectuée il y a quelques années; cette révision est entrée en vigueur en 1980 et 1981 respectivement. Les tableaux suivants indiquent le nombre moyen d'heures de cours par année prescrit par le «Programme d'étude» revisé.

Nombre moyen d'heures de cours* par an à l'école primaire

	1e an	2e an	3e an	4e an	5e an	6e an
Langue japonaise	272	280	280	280	210	210
Éducation sociale	68	70	105	105	105	105
Arithmétique	136	175	175	175	175	175
Sciences	68	70	105	105	105	105
Musique	68	70	70	70	70	70
Arts et travaux manuels	68	70	70	70	70	70
Enseignement ménager	–	–	–	–	70	70
Éducation physique	102	105	105	105	105	105
Éducation morale	34	35	35	35	35	35
Activités hors programme	34	35	35	70	70	70
TOTAL	850	910	980	1 015	1 015	1 015

---

* Une heure de cours dure 45 minutes à l'école primaire et 50 minutes à l'école secondaire du 1er cycle.

Jeunes étudiants(es) de passage au centre ville de Tokyo.

Nombre moyen d'heures de cours* par an à l'école secondaire du 1er cycle

	7e an	8e an	9e an
Langue japonaise	175	140	140
Éducation sociale	140	140	105
Mathématiques	105	140	140
Sciences	105	105	140
Musique	70	70	35
Beaux-arts	70	70	35
Santé et éducation physique	105	105	105
Arts industriels ou enseignement ménager	70	70	105
Éducation morale	35	35	35
Activités hors programme**	70	70	70
Matières à option***	105	105	140
TOTAL	1 050	1 050	1 050

*   Une heure de cours dure 45 minutes à l'école primaire et 50 minutes à l'école secondaire du 1er cycle.

**   Les «activités hors programme» signifient notamment les activités relatives aux réunions d'élèves, activités de club, orientation des élèves, cérémonies scolaires, excursions scolaires, etc.

***   En ce qui concerne les matières à option, le nombre d'heure moyen pour la musique, les beaux-arts, la santé et l'éducation physique et les arts industriels ou enseignement ménager en 9e année est de 35 heures respectivement. Pour chaque année, 105 heures peuvent être accordées pour une langue étrangère et 35 pour un autre sujet nécessaire, comme nombre normal d'heures de cours.

Les programmes des écoles secondaires du 2e cycle

L'ordonnance ci-dessus mentionnée du Ministère de l'Éducation spécifie les matières de l'enseignement secondaire du 2e cycle. Les objectifs et le contenu standard de chaque matière ainsi que le nombre moyen des «unités de valeur» à obtenir sont déterminés dans le «Programme d'étude pour les écoles secondaires de 2e cycle», établit par le Ministère de l'Éducation. Pour réussir à l'école secondaire du 2e cycle, l'élève doit avoir obtenu au moins 85 unités de valeur. Tous les élèves, quelle que soit leur spécialité, doivent apprendre les matières indiquées dans le tableau suivant et obtenir le nombre d'unités de valeur équivalent. En plus des matières obligatoires, les écoles enseignent plusieurs matières facultatives comprenant l'anglais, d'autres langues étrangères et des matières techniques et spécialisées. En plus, des heures de cours normales, les écoles doivent offrir des activités de réunion pendant au moins une heure par semaine pour les élèves de toutes les classes. Elles doivent aussi accorder à tous les élèves au moins une heure hebdomadaire pour les activités de clubs. Le programme d'étude pour l'enseignement secondaire du 2e cycle a également été revisé en 1978 et le nouveau programme entre en vigueur en 1982. Dans le «programme d'étude» revisé, le nombre total d'unités de valeur nécessaires a été ramené de 85 à 80 et les matières requises réduites comme l'indique le tableau ci-dessous, afin de permettre une vie scolaire plus détendue et plus complète.

Matières obligatoires de l'enseignement secondaire du 2e cycle

Discipline	Matière
«tous les élèves» langue japonaise	«Langue Japonaise l»
Sciences sociales	«La Société Moderne»
Mathématiques	«Mathématiques»
Sciences	«Sciences l»
Santé et éducation physique	«Santé et éducation physique»
Arts	L'une des matières suivantes: «musique l», «beaux-arts», «travaux manuels l» ou «calligraphie»
(Filles uniquement) Enseignement ménager	«Enseignement ménager général»
(Étudiants inscrits à un programme spécialisé seulement) Matière de spécialisation	«Au moins 30 unités de valeur

Disciplines, matières et nombre moyen d'unités de valeur dans l'enseignement secondaire du 2e cycle

Discipline	Matière	Nombre moyen d'unités de valeur
Langue Japonaise	Langue Japonaise 1	4
	Langue Japonaise 2	4
	Expression Japonaise	2
	Japonais moderne	3
	Japonais classique	4
Éducation sociale	La société moderne	4
	Histoire Japonaise	4
	Histoire mondiale	4
	Géographie	4
	Éthique	2
	Science politique et économique	2
Mathématique	Mathématique I	4
	Mathématique II	3
	Algèbre et géométrie	3
	Analyse de base	3
	Différenciation et intégration	3
	Probabilité et statistique	3
Sciences	Science I	4
	Science II	2
	Physique	4
	Chimie	4
	Biologie	4
	Géographie physique	4
Santé et éducation physique	Éducation physique	7-9
	Santé	2
Arts	Musique I	2
	Musique II	2
	Musique III	2
	Beaux-arts I	2
	Beaux-arts II	2
	Beaux-arts III	2
	Travaux manuels I	2
	Travaux manuels II	2

128

	Travaux manuels III	2
	Calligraphie I	2
	Calligraphie II	2
	Calligraphie III	2

Disciplines, matières et nombre moyen d'unités de valeur dans l'enseignement secondaire du 2e cycle (suite)

Discipline	Matière	Nombre moyen d'unités de valeur
	Anglais I	4
	Anglais II	5
Langue	Anglais II-A	3
étrangère	Anglais II-B	3
	Anglais II-C	3
Enseignement ménager	Enseignement ménager général	4

Note: (1) Une unité de valeur consiste en 35 heures scolaires, une heure scolaire représentant 50 minutes de cours.

(2) L'allocation d'unités de valeur aux autres matières est prescrite par chaque corps constituant de l'école secondaire du 2e cycle concerné.

Les manuels scolaires des niveaux primaires et secondaires du 1er cycle sont vendus par les éditeurs privés et doivent être, tous les 3 ans, homologués ainsi que leur prix par le ministère de l'Éducation.

Tous les élèves des écoles primaires et secondaires du 1er cycle publiques ou privés, reçoivent gratuitement les manuels scolaires du gouvernement national. Au niveau secondaire du 2e cycle, ils sont à la charge des étudiants.

L'enseignement supérieur

Il y a trois types d'établissements d'enseignement supérieur: les universités, les universités de cycle court et les collèges techniques. Les universités offrent des cours de licence, de maîtrise et de doctorat. Pour obtenir la licence, l'on requiert quatre années d'études à l'exception des cours de Médecine et Dentisterie qui durent six ans. L'on peut classer les cours après l'obtention de la licence, en deux catégories: cours de maîtrise, deux ans et cours de doctorat, cinq ans, toutefois, il n'y a pas de cours de maîtrise pour la Médecine et la Dentisterie. Ce sont des cours de doctorat qui durent quatre ans.

L'autorité en matière d'enseignement

Le ministère de l'Éducation est l'autorité centrale dans l'enseignement. Il gère les universités, les universités de cycle court, les collèges techniques, les musées, les maisons de jeunes et les institutions de recherches. Le ministère donne des directives, des conseils et de l'aide financière aux commissions locales d'éducation. Dans chacune des 47 préfectures et des quelques 3 000 municipalités, il y a un «Conseil d'Éducation» qui joue le rôle de l'autorité locale de l'éducation.

Instituteurs, professeurs

Tous les instituteurs de l'école primaire suivent un stage de formation aux établissements de l'enseignement supérieur. Ils suivent en premier lieu quatre années de cours de formation aux université d'État.

Les professeurs d'écoles secondaires sont recrutés parmi les diplômés de cours de licence, de maîtrise et de doctorat des universités privées et d'État.

Tous les diplômés universitaires peuvent obtenir un certificat de professorat d'école secondaire quand ils obtiennent un nombre minimum d'unités de valeur aux matières requises pour le professorat, les matières professionnelles et l'éducation générale. Les certificats de professorat sont décernés par la commission préfectorale de l'Éducation. Ils sont valables à vie dans toutes les préfectures et sont classés en deux catégories: premier et second degré.

Le certificat du second degré pour l'enseignement en école primaire et secondaire du 1er cycle peut être obtenu après deux ans d'études en université ou en université de cycle court, tandis que l'obtention du certificat du premier degré nécessite la licence. Les licenciés peuvent obtenir un certificat du second degré comme enseignant en école secondaire du 2e cycle, tandis que les étudiants qui ont suivi un an au moins d'étude en cours de maîtrise se voient accorder des certificats du premier cycle. Pour devenir proviseur, le professeur doit être muni du certificat du premier degré.

La langue japonaise

Pour tous les étudiants étrangers, c'est-à-dire qui ne sont pas japonais, qu'ils soient québécois, canadiens, américains et autres, apprendre le kanji est probablement l'une des matières la plus difficile, la plus ardue surtout lorsqu'on en est à sa première expérience avec l'étude de la langue japonaise. En outre, faut surtout pas croire que ce soit facile pour les étudiants japonais car ça ne l'est pas. Un étudiant japonais doit apprendre le kanji tout d'abord au niveau élémentaire donc pendant six ans, ensuite pendant trois ans au niveau secondaire et enfin un autre trois ans de kanji au niveau collégial ce qui fait au total (12) douze ans d'études kanji. Pour la très grande majorité de nous tous, étrangers que nous sommes face à cette langue, ces symboles phonétiques nous apparaissent à la fois très compliqués à prime abord et d'un nombre infini, et aussi pour ceux qui ont étudié une trentaine de kanji dont la majorité très simple, semblent nous présenter une corvée quasi insurmontable. Consolons-nous un peu, car ce ne sont pas tous les étudiants japonais qui, lorsqu'ils entrent à l'université, savent lire et écrire sans faire d'erreur tous les 1850 kanji, soit les plus communs, ceux que l'on utilisent tous les jours, non, ils ne sont pas nombreux, il n'y en a pas beaucoup.

Pour les personnes qui désirent aller étudier au Japon ou compléter des études avancées ou plus poussées sur le Japon même, il m'apparaît, de même qu'à tous les connaisseurs en la matière, indispensable d'avoir étudié au préalable et mémoriser quelques 250 à 300 caractères kanji.

L'un des connaisseurs enseigne la langue japonaise au niveau primaire intermédiaire et supérieure à l'université McGill et c'est Takahatake Masako San. Elle est photographiée en compagnie de son époux Takamichi, qui est responsable pour la religion bouddhiste Jōdo Shinshū au Québec, et de leur fils Takashi et leur fille Naoko.

L'on dit qu'il y aurait quelques 48 000 kanji. Toutefois, il y en a entre 5 000 à 10 000 utilisés communément à travers le Japon. Les 1 850 kanji dont je viens de vous entretenir sont reconnus comme étant les «Tōyōkanji» et ce sont les seuls symboles phonétiques utilisés dans les textes de volumes et les écrits officiels. De ces 1 850 tōyōkanji, il y en a 966 approximativement qui ont été sélectionnés pour faire partie du curriculum d'études élémentaires pour les étudiants.

Fisher Marty

Un autre aspect intéressant de cette langue japonaise, chaque symbole phonétique a au moins deux sens de lecture. Un que l'on reconnaît comme étant la lecture «on» adaptation de l'ancienne prononciation chinoise et l'autre sens de lecture c'est le «kun» il permet de lire, de comprendre le sens japonais des symboles. Aussi, il arrive assez fréquemment que le kanji ait deux sens de «on» ou plus, ainsi que de «kun».

Au Japon, l'on a partiellement adopté notre style d'écriture, soit de haut en bas et de gauche à droite, néanmoins, la forme traditionnelle demeure toujours, donc, verticalement, de droite à gauche, de haut en bas.

L'hiragana est utilisé pour les mots japonais là ou le kanji ne peut pas vraiment exprimer le sens. Il est aussi utilisé pour bien d'autres raisons utiles. Le katakana, pour les mots étrangers autres que le kanji, on utilise le katakana pour écrire les onomatopées.

Le rōmaji est un ensemble de lettres utilisées pour comprendre le son des symboles de l'hiragana et du katakana.

Exemples: *RŌMAJI   HIRAGANA   KATAKANA*

RŌMAJI	HIRAGANA	KATAKANA
A	あ	ア
i	い	イ
U	う	ウ
E	え	エ
O	お	オ

Maintenant, voici quelques mots, expressions connues ainsi que quelques courtes phrases. C'est toujours agréable de s'exprimer dans une langue ne serait-ce qu'au minimum surtout lorsqu'on rencontre des gens du pays. En langue japonaise, le nom de famille japonais est le premier écrit suivi du prénom et de l'expression san qui veut dire: monsieur, madame ou mademoiselle.

Quelques mots et expressions usuels:

FRANÇAIS RŌMAJI

Paix internationale	kokusai-heiwa	3	国際平和口
Eau	mizu	3	水
Nouveau	atarashii	3 + 1	新しい
Fleur	hana	3	花
Une rose	bara	1	ばら
Canada	kanada	2	カナダ
Québec	kebekku	2	ケベック
Banque	ginkō	3	銀行
Timbre	kitte	3	切手
Téléphone	denwa	3	電話
Parapluie	kasa	1	かさ
Lunettes	megane	1	めがね
Maintenant	ima	3	今
Thé japonais	ocha	1 + 3	お茶
Mer	umi	3	海
Revue	zasshi	3	雑誌
Prénom	namae	3	名前
Nom (de famille)	sei	3	姓
Japon	nihon ou nippon	3	日本
Bière	biru	2	ビール

Monsieur		
Madame	san	1 さん
Mademoiselle		
Ami(e)	tomodachi	3 友達

FRANÇAIS	RŌMAJI	PRONONCIATION
Docteur (médecin)	isha	i chat
Crayon	enpitsu	é gn pi tsou
La valise	sūtsukēsu	sou ou tsou ké é sou
Excusez-moi	sumimasen	sou mi ma sé gn
	gomen nasai	go me gn na sa i
Quand	dare	da ré
S'il vous plaît	dōzo	do o zo
Je vous en prie	dō itashi mashite	do o ita shi ma shi té
Non	iie	i i é
Oui	hai	h a i
Merci beaucoup	dōmo arigatō	do o mo a ri ga to o
Bonjour, avant 11 h	ohayō gozaimasu	o h a yo o go zai massou
Bonjour, après 11 h	konnichi wa	ko gn ni tchi wa
Bonsoir	konban wa	kogn ba gn wa
Baguettes (ustensiles)	hashi	h a shi
Journaux	shinbun	shi gn bu gn
Au revoir	sayōnara	sa yo o na ra

Sincérité	makoto	ma ko to
Ami(e)	tomodachi	to mo da tchi

Quelques phrases courtes:

Quel est votre passe-temps?
Anata no shumi wa nan desu ka?

Tokyo est la capitale du Japon.
Tōkyō wa nippon no shuto desu.

Je t'aime.
Aishite imasu.

Le mont Fuji est la plus haute montagne du Japon.
Fuji san wa nippon de ichiban takai yama desu.

Je suis un(e) étudiant(e).
Watashi wa gakusei desu.

Comment vas-tu?
Anata wa ogenki desu ka?

Je vais bien.
Watashi wa genki desu.

S'il vous plaît, entrez (dans la maison).
Dōzo O-agari kudasai

Je ne comprends pas.
Wakarimasen.

Je comprends.
Wakarimasu.

Il fait très chaud aujourd'hui.
Kyō wa totemo atsui desu ne.

Il neigera demain.
Asu wa yuki ga furu deshō.

Le pluriel et le genre féminin ou masculin n'existent
pas, il n'y a pas de différence entre singulier et pluriel,

le genre féminin et masculin sont remplacés par le neutre.

Quelques exemples de prononciation:

Desu ne **desu** se prononce **dessou** et **ne**: **né**

Wakarimasu **WA KA RI MASSOU**

Gakusei **GA KU SE I**

Ogenki **O GÈ GN KI**

Nippon **NIPP O GN**

Le château Nagoya

Le château Nagoya, certainement l'un des plus grandioses du Japon. Construit au 17e siècle, il est situé dans la troisième plus grande ville du pays, Nagoya.

Autoroute en direction de Hakone.

Gratte-ciel du centre d'achats de Shinjuku

JAPON

Shinjuku est certainement un des plus modernes centres d'achats de Tokyo. On y trouve plusieurs magasins à rayons, magasins de spécialités, des clubs de nuit, des restaurants et des théâtres et aussi de nombreux bureaux.

Échange d'une carte d'affaires

Au Japon, dans le domaine des affaires professionnelles, il est très important d'avoir une carte d'affaires sur soi. J'ai remarqué à maintes reprises qu'un Japonais sans sa carte d'affaires pourrait se sentir très mal à l'aise car ce n'est pas seulement l'étiquette, mais aussi le fait d'être oublié lorsque l'on se présente sans pouvoir échangé la «MEISHI» carte d'affaires en japonais. La carte est toujours présentée de façon à ce que la personne présentée puisse la lire immédiatement et vice-versa en se saluant de part et d'autre. La conversation devient encore plus chaleureuse et peut-être qu'une transaction importante sera contractée grâce à cette façon bien japonaise de la présentation. Où que vous soyez, lorsque vous rencontrez des Japonais, n'oubliez pas, la première chose à faire est de lui remettre votre carte d'affaires.

La littérature

L'on retrouve les oeuvres qui constituent les plus anciens écrits du Japon dans la chronique des faits anciens vers l'an 712 après Jésus-Christ (KOJIKI) ainsi que dans la chronique du Japon vers l'an 720 après Jésus-Christ (NIHON SHOKI). Ce n'est qu'après avoir maîtrisé l'écriture chinoise, introduite au 6e siècle après Jésus-Christ, que les poèmes et les légendes traditionnels de cette magistrale littérature classique purent être conservés. Il n'y a aucun doute, une littérature orale aura certainement précédé ces oeuvres grandioses. Les poèmes Manyōshū (recueil d'une myriade de feuilles compilées vers l'an 770) à l'aide de caractères chinois furent enregistrées. Une admirable anthologie complétée en 20 volumes, contient environ 4 500 poèmes écrits par des Japonais et des Japonaises représentant toutes les couches, toutes les classes de la société d'alors; des jeunes gens; des personnes âgées, des empereurs, des impératrices, des soldats, d'humbles paysans et de nombreux personnages anonymes. Celui qui, encore aujourd'hui, est considéré comme étant le plus grand poète du Japon KAKINOMOTO NO HITOMARO (655-?) est très bien représenté dans Manyōshū. L'on rapporte que ses longs poèmes (CHŌKA) sur la mort de sa femme et sur de nombreux sujets patriotiques sont remplis d'une rare vivacité.

C'est en 1878 que parut la première traduction d'une nouvelle européenne. Le nombre de traductions augmentèrent rapidement durant la décennie qui suivit. Dans leur littérature moderne, les intellectuels ont reconnu qu'il était possible, par exemple, de traiter de questions politiques et sociales dans une oeuvre de fiction et plusieurs prirent cette voie. Certains écrivains démontrèrent une maîtrise d'un style nouveau. C'est dans cette voie différente que FUTA-BATEI SHIMEI (1864-1909) publia en 1887-89 UKIGUMO (Nuage en dérive) roman qui satirise la nouvelle société ambitieuse et agressive de l'ère Meiji. De ce que j'ai cru comprendre malgré l'influence évidente de quelques auteurs russes, l'oeuvre est d'une grande originalité et dépeint fidèlement le Japon contemporain. L'abondance maximale de la nouvelle littérature japonaise en développement vint durant la décennie qui suivit la guerre russo-japonaise et de plus, la victoire elle-même aura possiblement inspiré aux Japonais la confiance nécessaire faisant éclater une magistrale poussée de l'activité littéraire. Durant cette période, il y eut entre autres NATSUME SŌSEKI, grand écrivain (1867-1916) et le poète ISHIKAWA TAKUBOKU (1885-1912) qui achevèrent tous deux leurs oeuvres.

Parmi les écrivains de la littérature contemporaine qui ont favorablement attiré l'attention des étrangers, il y a TANIZAKI JUNICHIRŌ, KAWABATA YASUNARI (1899-1972), DAZAI OSAMU (1909-1948) et MISHIMA YUKIO (1925-1970). De nos jours, la littérature japonaise s'attire la faveur d'un nombre croissant de lecteurs à travers le monde non seulement pour son charme exotique mais aussi par sa valeur universelle. Aujourd'hui, la littérature japonaise est issue de la vie moderne selon ses régions, tout comme au Québec et au Canada, aussi probablement dans d'autres pays du monde. Elle ne représente plus cette tradition totalement indépendante comme jadis, avant de subir les influences littéraires de l'Occident, mais semble tendre désormais à se concentrer directement sur les problèmes universels. C'est pourquoi, suivant le courant plus vaste de la littérature mondiale, elle apporte sa contribution directement dans l'objectif de former les goûts littéraires du monde entier.

Chapitre III

Regards sur l'économie du Japon

Le gouvernement

En 1890, le Japon devenait le premier pays de l'Asie à adopter un régime politique parlementaire. Toutefois, il a fallu attendre jusqu'en novembre 1946, date de la promulgation de l'actuelle constitution, pour que la souveraineté soit accordée au peuple et qu'un véritable régime démocratique soit adopté car à l'époque précitée, les membres de la Chambre haute ou Chambre des pairs étaient choisis parmi les classes privilégiées, notamment la noblesse, et l'empereur conservait tous les pouvoirs, faisant du Japon une monarchie de fait, sinon en apparence. Le système actuel est fondé sur la séparation des pouvoirs législatifs, exécutifs et judiciaires qui se contrôlent et s'équilibrent les uns les autres. Le Chambre des représentants peut présenter une motion de censure et le Cabinet peut dissoudre la chambre. Au niveau départemental, l'administration est confiée à un préfet et une assemblée élue directement par les citoyens des 47 départements japonais. En conclusion, au dernier échelon viennent les villes, les bourgs et villages qui ont également un système d'administration qui leur est propre. Depuis juin 1980, c'est le très honorable SUZUKI ZENKŌ qui occupe le poste de premier ministre jusqu'en novembre 1982 ayant démissionné. Il a été remplacé par le très honorable NAKASONE YASUHIRO.

JAPON

Une partie de la Diète, la Chambre des 511 représentants.

147

L'empereur

L'empereur Hirohito est né le 29 avril 1901. Il a accédé au trône en 1926. Il n'a pas le pouvoir de gouverner, il est reconnu par la constitution comme le symbole de l'État. Comme fonction, il nomme le premier ministre et le président de la Cour suprême désignés respectivement par le parlement et le cabinet, et promulgue les lois et traités au nom du peuple japonais, convoque le parlement, décerne des décorations, etc. sur le Conseil du cabinet et avec son approbation.

L'empereur Hirohito consacre la majorité de ses loisirs à poursuivre des recherches dans le domaine de la biologie marine, il est célèbre pour ses études dans le domaine. Le fils aîné de l'empereur, le prince héritier Akihito, est né le 23 décembre 1933.

Statue que l'on peut admirer à l'intérieur du parc Ueno, elle rappelle des souvenirs du passé.

Le général Nogi Période Meiji. Après la mort de l'Empereur Meiji le général Nogi se donna la mort par SEP-PUKU!

Un des murs du jardin impérial.

La Diète (parlement)

Au Japon, le parlement est reconnu sous le nom de Diète. Elle est, cette Diète, l'organe législatif de l'État, et aussi l'organe suprême du pouvoir de l'État. C'est elle qui prend l'initiative des amendements apportés à la constitution, vote le budget, ratifie les traités et désigne le premier ministre. La constitution confère à la Chambre des représentants le droit de présenter des motions de censure. Effectivement, le législatif est investi de pouvoirs bien plus étendus que ceux de l'administration. Ce même parlement est composé de la Chambre des représentants qui compte environ 511 membres, élus pour quatre ans, mais dont le mandat peut être écourté en cas de dissolution; la Chambre des conseillers dont les 252 membres sont élus pour six ans et renouvelables par moitié tous les trois ans. La Chambre des conseillers remplace temporairement la Chambre des représentants dans l'exercice de ses fonctions en cas de dissolution de celle-ci et sur convocation en session extraordinaire par le Cabinet. Le président et vice-président de chacune des deux Chambres ont les mêmes fonctions que ceux du gouvernement canadien et doivent renoncer à leurs affiliations politiques.

Système électoral

L'âge d'éligibilité est de 25 ans pour les représentants. Les membres de la Chambre des représentants sont élus au sein du comté ou circonscription de taille moyenne (sauf une) trois, quatre ou cinq sièges étant accordés à chaque circonscription selon l'importance de la population. Actuellement, à l'intérieur du système électoral japonais, l'on peut compter 130 circonscriptions pour 511 sièges (à la Chambre). Élus pour quatre ans, ils peuvent voir leur mandat réduit par la dissolution de la Chambre. L'âge d'éligibilité est de 30 ans pour les conseillers. Les membres de la Chambre des conseillers, sont élus à deux niveaux: 100 à l'échelon national et 152 au niveau départemental, chacun des 47 départements constituant en ce cas précis une circonscription. La durée de leur mandat est de six ans, la Chambre étant renouvelable par moitié tous les trois ans. Le système électoral actuel accorde le droit de vote à tous les citoyens hommes et femmes ayant atteint l'âge de 20 ans et c'est en 1925 que ce droit fut accordé aux hommes et en 1945 le droit de vote fut accordé aux femmes. Le Japon reconnaissait par le fait même un véritable suffrage universel.

Le Cabinet qui est investi de pouvoir exécutif se compose du premier ministre et de 20 ministres d'État, solidairement responsables devant le Parlement (la Diète). Le premier ministre qui est désigné par la Diète (le Parlement) a le pouvoir de nommer et de révoquer les ministres qui doivent tous être des civils et en majorité membres de la Diète. Si la Chambre des représentants vote une motion de censure, le Cabinet doit démissionner, à moins que la Chambre ne soit dissoute dans les 10 jours qui suivent un tel vote.

Ce magnifique édifice est une structure unique en son genre. Il fut construit en 1936. La partie du centre du parlement mesure environ 200 pieds de hauteur et de chaque côté, l'on retrouve les deux chambres ainsi que le ministère de l'Éducation, de la Santé et du Bien-Être social, de l'Industrie et des Affaires internationales, de l'Agriculture et Forêt, Construction ainsi que le siège de la police métropolitaine.

L'auteur face à La Diète (Parlement)

Progrès pour la femme

On note des progrès respectables pour les femmes dans la société japonaise. Même s'il reste encore beaucoup à faire, il n'en reste pas moins que le nombre de femmes fréquentant des instituts d'études supérieurs a progressé de façon appréciable. Aujourd'hui, 33,7% des diplômées de l'éducation secondaire entreprennent des études supérieures. En 1978, elles représentaient au total 745 589 personnes, soit 33,2% des étudiants. Aussi, au cours de la période 1970-1978, le nombre d'étudiants a augmenté de 58,5%. Avant la guerre plusieurs diplomées du secondaire restaient chez leurs parents à attendre qu'ils leur trouve un bon parti. Aujourd'hui, l'une des normes sociales courantes est que les jeunes femmes travaillent quelques années avant le mariage: parmi les universitaires (femmes) un nombre croissant de diplômées entreprennent une carrière conforme à leurs études bien qu'encore de nos jours, il soit rare de voir une femme embauchée à un poste de responsabilité qui correspondrait à ses qualifications et compétences. En 1978, le nombre de femmes actives atteignaient 21,25 millions, soit 47,4% de la population féminine âgée de 15 ans et plus, ou 38,4% de la population active japonaise. Il est intéressant de constater que le personnel féminin des forces de police départementale comprend environ 3 800 femmes dont 2 900 affectées à la circulation et environ 800 guides. Le service policier emploie également environ 9 500 femmes oeuvrant dans les bureaux. Les femmes sont affectées principalement à la surveillance de la circulation, à la répression des infractions du code de la route, au service de conseil aux jeunes, et aux services de renseignements urbains, etc. Pour la répartition des emplois, les femmes représentent 50,4% des employés de bureau, 45,3% des techniciens et autres spécialistes et 30% des vendeurs.

La réglementation du travail renferme certaines mesures visant à protéger la main-d'oeuvre féminine. Elle prévoit des congés de maternité payé, l'interdiction de faire travailler les femmes entre 20h et 5h, l'interdiction de les employer à des travaux (dangereux ou potentiellement nocifs), comme le chauffage de chaudières, le transport d'objets lourds, ou le travail sur échafaudages, et la garantie de pouvoir obtenir des congés menstruels.

Après la guerre, le code civil fut revisé et les Japonais abolirent le système familial dans lequel l'épouse se devait d'obéir aux parents de son époux, et devait se soumettre à son époux de façon la plus totale et en permanence. Maintenant, l'on sait que le principe d'égalité entre les sexes indiquent que l'homme et la femme doivent travailler la main dans la main en égaux dans un esprit de coopération mutuelle dont le but est de bien construire la famille. L'on peut s'imaginer à l'époque, combien révolutionnaire fut ce changement.

Éléments favorables à l'économie

En 1982 et au début de cette année 1983, dans plusieurs pays du monde, nous vivons des moments difficiles, même au Canada. Ces périodes désagréables que nous traversons sont causées surtout par de nombreux problèmes de natures économiques. Pourtant, au pays du soleil levant, les Japonais en souffrent beaucoup moins que nous grâce à leur système économique. Dans ce monde peu connu, de la majorité des Québécois et des Canadiens, il existe un équilibre réel et respectable entre le dirigisme et le libéralisme qui a pour effet de stabiliser appréciablement l'économie des Japonais.

Actuellememt, la population du Japon atteint environ 116 millions de personnes. Sa superficie est égale à 1/6 de la superficie du Québec. Et, si l'on compare le Japon au Québec, le Japon n'a pas de richesses naturelles. Ce pays est vulnérable par des tremblements de terre et il le restera toujours dans ce sens là. Toutefois, certains éléments favorisent leur système économique. Les pouvoirs du gouvernement sont faibles et aussi limités et comme conséquence, la société industrielle japonaise dépend surtout et en grande partie du secteur privé et j'ai aussi constaté que les Japonais possède l'économie la moins soviétisée de tous les pays du monde libre.

Au lieu d'assister à des nationalisations comme cela s'opère dans plusieurs pays, au Japon, c'est la tendance inverse qui règne ainsi qu'en témoigne la disparition, à l'automne 1979, d'un grand nombre d'entreprises publiques. Quant aux nationalisations, elles sont révélatrices de la part croissante que prend l'État dans les affaires et comme résultat produit l'érosion des bases mêmes du libéralisme de ces pays.

Pour ceux qui auraient encore des doutes, le fonctionnement des organisations d'État en Union Soviétique n'est pas fondamentalement différent de celui des entreprises privées de plusieurs pays du monde libre. Ceux qui parmi les dirigeants et les exécutants persistent toujours à y voir une différence, raisonnent en se plaçant du point de vue de l'entreprise ou de l'État et font l'erreur d'ignorer les interactions existantes au niveau du personnel d'organisation.

De plus, considérons le pourcentage que représente le montant des impôts dans le revenu national. À 19,2 %, il est inférieur d'environs la moitié au taux britannique, qui s'élève à 37,1 % et il ne représente que les deux tiers du taux des États-Unis, qui est, lui, de 28,9 %.

Caractéristique du système économique

Il est possible que plusieurs pays occidentaux critiquent le Japon parce qu'ils éprouvent une certaine angoisse à voir leur économie stagner et parce qu'ils sont de moins en moins sûr de pouvoir préserver leurs institutions. Disons-le, il est possible que leur irritation provienne de ce malaise et d'une sorte de hantise face à l'avenir économique. Toutefois, il n'en demeure pas moins vrai que le Japon soit le seul pays du monde libre à ne pas subir toutes les difficultés nombreuses qui assaillent les économies libérales et de ce fait n'a pas pleinement conscience de la crise économique actuelle. La caractéristique du système japonais provient de ce que tout en se manifestant sous une forme aussi ouverte et démocratique que dans les pays industriels occidentaux, l'orientation non officielle de l'économie produit certains résultats qui l'apparente aux économies planifiées. Tout commerce avec ces dernières ne peut se faire qu'en fonction de quotas négociés, parce qu'une véritable concurrence bilatérale ou multilatérale avec ces économies est absolument impossible. Il est bien évident que dans la mesure où l'industrie et le commerce japonais présentent certains de leurs caractéristiques, il se peut, pour ces raisons, s'avérer de plus en plus nécessaire d'appliquer un système de contrôle partiel de quotas (The Times, le 19 octobre 1976). Ces informations peuvent indiquer assez clairement pourquoi l'économie japonaise est perçue à l'étranger comme une espèce d'économie planifiée de type soviétique alors que les faits prouvent tout le contraire.

Considérons en plus, la participation du secteur privé à la recherche et au développement, indéniable support de l'activité industrielle. Au Japon, la recherche au développement RD dépend à 65 % des organisations privées, contre 41 % en Grande-Bretagne, 43 % aux États-Unis (statistiques de 1975).

**Édifice du ministère des Transports situé aux environ
de la Diète (Parlement)**

La Navigation côtière et
La construction d'immenses pétroliers

Dotés d'excellents ports bien répartis sur toutes les côtes du pays, les Japonais ont un très bon réseau de navigation côtière. Durant l'année fiscale 1971, le Japon a transporté par cabotage, 318 millions de tonnes de cargaisons, installant ainsi sa navigation côtière au deuxième rang juste derrière le secteur des transports routiers. Le Japon a construit le plus grand pétrolier du monde ayant une pesanteur de plus de 372 390 tonnes, il est en service depuis l'an 1971 et les Japonais en auraient construit un second semble-t-il récemment encore plus grand.

Programme économique de 1979 à 1985.

Le programme de développement économique et social des Japonais pour la période de 1979 à 1985. Dans son neuvième plan septennal de développement économique et social qui couvre les années fiscales de 1979 à 1985, l'objet primordial établi un schéma directeur du développement de la nation à moyen et à long terme qui sert de stratégie de base de la direction économique que prendra le Japon dans les années 1980. Avec l'application de son plan, le gouvernement japonais espère orienter l'économie nationale dans une voie de croissance stable et promouvoir l'établissement d'un «État providence» de style japonais, basé sur les efforts d'entraide de chaque individu et la consolidation de la cohésion familiale et sociale. Voici les principaux objectifs de ce plan:

Plein emploi et stabilité des prix;

Stabilisation et enrichissement des conditions de vie de la nation;

Coopération internationale et contribution au développement économique mondial;

Réalisation d'une fermeté économique;

Rétablissement des finances publiques;

Un tel système socio-économique devrait, selon ce que le gouvernement japonais espère, offrir à toute la population une vie riche et détendue.

Dans l'éventualité que ce plan réussisse, l'économie, selon l'agence de planification économique, connaîtra un taux de croissance annuelle en terme réel de 5,8%. Le taux de chômage qui était de 2,3% pour l'année fiscale 1978 devrait tomber à 1,7% en 1985.

En parallèle, le taux de perception des impôts devrait passer à 26,5% des recettes de l'État en 1985 (19,6% en 1978) et les dépenses de sécurité sociale à 11% du revenu national (9% en 1978). Le Japon ayant envisagé de jouer un grand rôle économique au niveau mondial a prévu dans son plan, le schéma directeur suivant:

L'expansion de la demande interne et l'encouragement des importations doivent conduire à une réduction de l'excédent de la balance des opérations courantes à un niveau acceptable sur le plan international; le Japon compte poursuivre son aide aux pays en voie de développement (cela même après avoir doublé le montant de son aide officielle au développement entre 1977 et la fin de l'année fiscale 1980).

Compte tenu de la difficulté d'approvisionnement en ressources, y compris les ressources d'énergie, et l'évolution de la division internationale du travail, le Japon est prêt à opérer un changement de sa structure industrielle afin de développer davantage les industries faisant appel à un haut niveau technologique qui accroît la valeur des produits. Le gouvernement verra à promouvoir des échanges internationaux de personnel, non seulement dans le domaine économique, mais aussi dans l'enseignement, les sciences et la culture. À l'intérieur du Japon, le plan cherche aussi à encourager les efforts privés. Il envisage l'unification des zones urbaines à des villages agricoles et piscicoles, dans le but de créer de toute pièce des communautés locales ayant leur caractère propre. C'est là une évolution vers un renouveau du régionalisme. Il est intéressant de noter que parmi les 8 plans économiques établis par le Japon depuis la guerre, tous sans exception ont chaque fois dépassé avant terme, les prévisions escomptées et ont dû être revus au bout de 3 à 5 ans. Le dernier plan économique, le neuvième, présente une particularité en ce qu'il réclame un effort supplémentaire de la nation, sous forme d'augmentation d'impôts et de taxes, dans le but de rétablir les finances publiques, en raison du manque de ressources du gouvernement pour mener à bien cette tâche. En 1984, le gouvernement japonais devrait être en mesure d'éponger les dettes contractées par le lancement d'emprunts d'États, couvrant ainsi les déficits budgétaires. Toutefois, même à cette date, le budget de l'État continuera à dépendre de l'emprunt pour couvrir 20% de ses recettes.

L'investissement et l'épargne

Aujourd'hui, les Japonais continuent à observer leur tradition d'économie, d'où une épargne personnelle moyenne d'environ 20% au moins de leur revenu. Cette épargne est alors dirigée par le biais des banques vers les entreprises privées, permettant à celles-ci d'investir sans trop devoir compter sur des prêts étrangers. Par ce schéma d'emprunt, aux fins d'investissements en équipement, le capital des entreprises japonaises est formé de façon prédominante de capital emprunté. Le capital propre ne représente en moyenne que 20% environ du total à l'heure actuelle, contre 30% en RFA et 54% aux États-Unis. Une tâche importante pour les entreprises japonaises, augmenter la proportion du capital propre.

Banque Sumitomo　　　　　　　**Succursale à Seijō**

Autre caractéristique économique

L'économie du Japon est aussi caractérisée par une proportion élevée de petites entreprises qui comptent 99% de l'ensemble des firmes. Elles contrôlent 51% de l'industrie de transformation, 54% du commerce en gros, 80% du commerce de détail et 30% des exportations de produits industriels.

164

Réseau financier à Tokyo

Marunouchi est la section située entre le palais impériale et la station de métro Tokyo. Bureau de poste central d'importantes banques et compagnies s'y trouvent. Plusieurs de ces riches édifices sont à peu près de la même hauteur parce qu'ils ont été construits du temps où la loi interdisait la construction de gratte-ciel.

L'importance des banques et la bourse des valeurs

La banque du Japon fondée en 1882, en tant que banque centrale, est la seule banque à pouvoir émettre des billets de banque. Elle joue un rôle primordial dans la détermination et la réalisation de la politique monétaire décidée par le bureau politique dont les représentants viennent des agences gouvernementales, des banques et des milieux industriels. La monnaie en circulation consiste en billets émis par la banque du Japon et en monnaie d'appoint mise en circulation par le gouvernement. En 1979, la monnaie en circulation s'élevait à 19 100 milliards de yen, soit 7,7 % de plus qu'à la fin de 1978. Les billets de banque d'une valeur de 100 à 10 000 yen représentent 95 % de la valeur totale de la monnaie en circulation; des pièces frappées dans les ateliers de l'État, d'une valeur de 1 à 100 yen, ont également cours.

Les banques privées, qui apportent plus de la moitié des fonds industriels du pays, constituent le coeur du réseau financier japonais. En mars 1979, il y avait 86 banques privées, dont 3 banques de crédit à long terme, 13 banques commerciales, 63 banques locales et 7 banques fiduciaires. Elles ont 8 113 succursales, dont 137 à l'étranger. Il y a d'autres organismes financiers pour le petit commerce, tels que les prêts mutuels et les caisses d'épargne, les associations de crédit, ainsi que les organismes spécialement destinés à l'agriculture, aux industries forestières, aux activités des pêcheries, et parmi ceux-ci, les coopérations agricoles. Le gouvernement a ses propres organismes financiers, surtout pour le financement public, comme le bureau des fonds intégrés (ministère des Finances), la caisse d'épargne de la Poste et l'assurance-vie de la Poste (ministère des Postes et Télé-Communications).

Membre à part entière au sein de la BRI (Banque pour les Règlements Internationaux) à Bâle, en Suisse. Dès 1963, la Banque Centrale du Japon avait envoyé des représentants comme observateurs aux conférences mensuelles de la BRI et à ses réunions générales qui se tiennent chaque année à Bâle, en Suisse. Cela signifie non seulement le rafermissement de la position du Japon dans le système monétaire du Japon dans le système monétaire international, mais également que le pays doit assumer une part plus lourde des responsabilités dans la coopération monétaire internationale.

L'histoire des échanges de valeurs est assez ancienne au Japon puisqu'elle remonte en 1878, année de la création de la Compagnie des Valeurs de Tokyo. Plusieurs amendements ont été apportés dans son organisation et au sein de son administration. Après la guerre, le nombre croissant de détenteurs de valeurs et le besoin de protéger les actionnaires ont suscité le rétablissement de Bourses organisées et reconnues pour l'échange des valeurs. De telles Bourses ont été établies à Tokyo, Nagoya et Osaka, en 1949. Elles sont au nombre de huit actuellement. En mars 1979, environ 19 millions de Japonais possédaient des valeurs, soit un Japonais sur six, et ce phénomène est dû à l'augmentation, l'élévation du niveau des revenus. Conséquence, un Japonais sur six ou 1/6 de la population du Japon possède des valeurs mobilières. Ainsi, d'une part la forte croissance économique et les conditions d'exportations très favorables ont attiré bon nombre d'actionnaires étrangers sur le marché des valeurs japonaises. L'achat net de valeurs japonaises par des étrangers (individus) et des groupes non japonais sur le marché des transactions s'est élevé à 1 900 milliards de yen (9,05 millions de dollars) pour l'année fiscale 1978. Le marché japonais prend un caractère de plus en plus international.

Avec un produit national brut de 696,2 milliards de dollars en 1977, le Japon se place au deuxième rang des puissances économiques du monde libre. Le P.N.B. des États-Unis pour la même année était de 1,9 milliard de dollars. Le produit brut intérieur japonais par habitant, en 1977, était de 6 117 dollars, plaçant le Japon au 16e rang devant l'Angleterre et l'Italie. En raison de l'accroissement de la valeur du yen, le PIB, par habitant, dépasse 7 000 dollars en 1978.

L'augmentation des importations de l'étrangers de produits meilleur marché devrait progressivement alléger le ressentiment qu'ont la majorité des Japonais à payer bien plus cher que la plupart des autres pays pour leur produit alimentaire.

Système d'emploi à vie

Le système d'emploi au Japon se caractérise par ce qu'on appelle l'emploi à vie, ainsi que par une échelle des salaires basée sur l'ancienneté. Remarquons toutefois qu'il ne s'agit là que d'une tendance générale, qui ne se manifeste pas de façon aussi nette dans les petites entreprises. Tout de même, précisons que l'emploi à vie au Japon peut être exprimé par l'application, par les entreprises japonaises, d'un système qui consiste à garder leurs employés jusqu'à leur retraite, dont l'âge varie en général de 55 à 60 ans. Les grandes entreprises japonaises recrutent leur main d'oeuvre nouvelle principalement parmi les jeunes qui terminent leurs études et les gardent, en principe, durant toute la période active de leur vie. Sachons bien que le travailleur a toute liberté de quitter l'entreprise, ce qui ce produit rarement.

La communication entre employeur et employé est non seulement importante et pratiquée, elle est un principe de base appliqué quotidiennement. Les décisions sont prises de concert avec les employés. L'un des facteurs qui ont engendré et perpétué la pratique de l'emploi à vie, pratique unique en son genre, dans les entreprises japonaises, est qu'au fur et à mesure que l'industrialisation du Japon progressait entre la fin du 19e et le début du 20e siècle, la structure industrielle devint de plus en plus complexe, et plusieurs entreprises se mirent à chercher une main d'oeuvre stable destinée à former une base sur laquelle elles pourraient construire une croissance soutenue. Les employés et les employeurs ont un objectif commun, le bien-être et la réussite de l'entreprise. (Je suggère la lecture du livre de Miyamoto Musashi, intitulé «A book of five rings». (le livre des cinq cercles). Né en 1584, il était destiné à devenir l'un des grands guerriers japonais. Il était un samurai. Satisfait de son invincibilité, Musashi décida d'écrire sa philosophie quelques semaines avant sa mort alors qu'il vivait dans une caverne de l'une des montages de Kyūshū en 1645).

Les employés japonais, ouvriers aussi bien que cadres, ont tendance à considérer que tous les membres de l'entreprise font partie d'une grande famille.

Salaire à l'ancienneté

Le salaire à l'ancienneté s'établit comme suit: les employés reçoivent les augmentations selon le nombre d'années de service, de sorte que les aptitudes de l'employé et son ardeur au travail n'entrent pratiquement pas en ligne de compte. Toutefois, il y a une tendance à modifier ce système d'emploi du fait que les entreprises ont de moins en moins besoin de personnes possédant de longues années d'expérience. Il est encore de nos jours, assez rare qu'on licencie du personnel, au Japon, pour des raisons économiques.

Suite à des études effectuées par des instituts de sondage privés, les entreprises japonaises conservent de 2 à 4 millions d'employés en excédant de leurs besoins en main d'oeuvre les «chômeurs salariés». Cette pratique maintient à un niveau plus bas que dans les autres pays le taux officiel de chômage, pourtant ce problème est l'une des principales préoccupations politiques actuelles.

Rapides changements du marché de l'emploi

En 1947, le secteur primaire principalement l'agriculture, regroupait 53,4% de la population active. Ce taux est tombé à 23,5% en 1965, puis à 12,2% en 1976. Jusqu'à la crise du pétrole, c'est le secteur secondaire, qui a enregistré la plus forte hausse (en particulier l'industrie de transformation). Toutefois, depuis la crise pétrolière, les nouveaux emplois sont pour la plupart dans le secteur tertiaire, notamment dans les services. Les résultats d'une étude complétée par un organisme consultatif du ministère du Travail prévoient un accroissement de la population active occupée de 52 millions (en 1975) à 57 millions (en 1985). Selon la même étude, la proportion des emplois dans le secteur primaire continuerait à diminuer, tandis que le secteur tertiaire qui représentait 52,5% du total en 1976, continuerait à connaître une nette expansion. D'après un relevé des effectifs de l'emploi effectué par le Bureau du premier ministre japonais en décembre 1978, la population active occupée (54 millions au total en 1978) se répartissait comme suit: 9 millions d'employés à leur propre compte, 6 millions d'employés dans une entreprise familiale et 39 millions de salariés (dont 34 millions d'employés à plein temps). La répartition par sexe indique 33 millions d'hommes et 21 millions de femmes (dont la moitié possède un emploi à plein temps). En fait, on assiste récemment à une augmentation du nombre de femmes mariées qui travaillent.

Relations entre salariés et patrons

Plus de 12 millions de travailleurs japonais sont syndiqués. Les syndicats japonais sont en général des syndicats d'entreprise et regroupent les salariés d'une même firme, d'une même usine, etc. Toutefois, il existe quelques fédérations syndicales au niveau national. La plus importante, Sōhyō (Conseil général des Syndicats Japonais) compte 4,5 millions d'adhérents appartenant à 49 syndicats différents. La seconde fédération, Dōmei (Confédérations Japonaise du Travail), regroupe 2,2 millions de salariés appartenant à 31 syndicats différents.

C'est chaque printemps que s'ouvre dans tout le pays des négociations avec le patronat connues sous le nom de shuntō (offensive de printemps). Les accords qui émergent desdits pourparlers servent de base au calcul des augmentations des salaires accordées pour l'année. Incidemment, la semaine de cinq jours n'a pas encore été adoptée partout au Japon, mais on peut conclure que plus de la moitié des entreprises accordent un deuxième jour de congé hebdomadaire au moins une fois par mois, alors qu'un nombre croissant de firmes adoptent la semaine de cinq jours de façon permanente. L'horaire mensuel a subi une diminution passant de 187 heures en moyenne en 1970 à 160 heures de nos jours. Il est important de répéter ici que les employés japonais, ouvriers aussi bien que cadres, ont tendance à considérer que tous les membres de l'entreprise font partie d'une grande famille. En contrepartie, la firme en question effectue au profit des employés des dépenses supplémentaires qui viennent s'ajouter au dépense obligatoire de sécurité sociale et de cotisation à des caisses d'assistance aux travailleurs. Par exemple, certaines sociétés subventionnent les repas pris à la cantine d'entreprise, et mettent à la disposition des employés des installations sportives ou des foyers de loisirs.

Hall d'entrée du plus ancien hôtel Impérial, Tokyo.

Monnaie japonaise

Ministère des Finances du Japon, agence de la monnaie.

Valeur en dollar canadien

	Billet	Valeur au 19-7-82*
¥	10 000	50,03 $
¥	5 000	25,01 $
¥	1 000	5,00 $
¥	500	2,50 $
¥	100	0,50 ¢
¥	50	0,25 ¢
¥	10	0,05 ¢
¥	5	0,02 ¢
¥	1	0,00 ¢

¥   égal Yen

* Banque Canadienne Impériale de Commerce
Crescent et Ste-Catherine
Montréal, Québec, Canada.

Une pièce de monnaie de 500 yen vient d'être frappée tout récemment.

L'argent n'a pas de maître

Les économistes ont un modèle pour les pays du monde libre. Les économistes qui ont étudié l'économie japonaise, ne se sont presque jamais (pour ne pas dire jamais) aperçu que leurs concepts centraux, telles les oppositions: économie de marché ←→ économie planifiée, propriété privée ←→ propriété publique, ou centralisation des pouvoirs ←→ décentralisation, n'avaient pas grand sens dans le cas du Japon.

Comme exemple, plaçons-nous sur le plan légal pour essayer de déterminer si le système économique est basé sur la propriété privée ou la propriété publique. Bien que d'un point de vue technique on puisse avancer que les avoirs de grandes entreprises japonaises constituent une propriété privée appartenant à des actionnaires, on ne verra jamais ces entreprises mises en vente sur le marché. De plus, les employés considèrent les avoirs de leur entreprise comme une propriété publique. De même, la Bourse ne manie, qu'une part réduite des capitaux privés et ne joue qu'un rôle limité dans le processus de procuration de fonds. C'est le financement indirect par l'intermédiaire des banques qui constitue la grande majorité du capital des entreprises. Il est donc absurde de demander si les fonds d'une entreprise sont des capitaux privés ou publics. La vérité est qu'au Japon, l'argent n'a pas de maître.

Le système économique, un modèle très valable.

C'est maintenant que les experts se doivent de faire une comparaison générale des divers systèmes économiques en donnant à la société économique japonaise la place qui lui revient. Deux importantes et grandes charnières dans l'évolution du système économique libéral nous obligent à penser au Japon. Premièrement, le mécanisme de marché ne peut plus soutenir d'une façon vraiment efficace la société industrielle avancée! Deuxièmement, le gouvernement va inévitablement être amené à intervenir davantage dans l'économie, parce que les gens se préoccupent davantage de leur bien-être, particulièrement lorsqu'il s'agit de la sécurité de l'emploi et de la redistribution des revenus. Il n'y a plus de doute, l'intervention croissante du gouvernement et l'affaiblissement du mécanisme du marché sont des tendances qui ne peuvent que s'accentuer. Le système de la libre entreprise entre dans une période où il ne peut contrecarrer ces tendances qu'en réduisant le rôle de son gouvernement en élargissant le champ de la liberté (la libre concurrence) et en créant un environnement dans lequel l'individu jouera un rôle comportant plus de liberté et de responsabilité.

C'est dans ce sens véritable, que le système économique japonais devient un modèle très valable pour toutes les sociétés industrielles avancées des pays du monde libre. C'est en limitant la taille de son gouvernement et en assurant une plus grande liberté possible aux entreprises ainsi qu'aux individus que le Japon présente un équilibre nouveau entre le dirigisme et le libéralisme. Le système économique parfait n'existe pas. Toutefois, le système économique japonais est suffisamment riche pour que nous en profitions. Nous pouvons en faire une analyse plus poussée, plus approfondie, à nous d'agir dans ce sens.

Regard sur l'agriculture

En quelques mots seulement, je résume comme suit les caractéristiques de l'agriculture japonaise. En dépit des limitations sérieuses qu'imposent l'exiguïté du territoire, les fermiers japonais sont, en majorité, propriétaires de petits terrains et ils dépendent des membres de leur famille pour les travaux agricoles (superficie moyenne d'une ferme: 1,1 hectare).

Le niveau d'éducation des fermiers est élevé et les techniques agricoles modernes ont été largement adoptées. Le rendement et les revenus, par unité de terrain cultivé, sont comparativement élevés.

La production alimentaire, centrée sur la riziculture, constitue le noyau de la production agricole.

On constate une augmentation notoire du nombre des fermiers engagés dans des occupations auxiliaires non agricoles.

L'agriculture japonaise fait actuellement face aux principaux impératifs suivants:

1) Le taux d'autonomie alimentaire du pays doit être accru pour garantir un approvisionnement stable des denrées indispensables;

2) La production de riz, où l'offre dépasse de plus en plus la demande, doit être orientée vers d'autres cultures.

La superficie moyenne d'une ferme japonaise étant 1,1 hectare n'est, en proportion, que de 1/140 comparée avec les États-Unis, 1/20 de la France, 1/11 de la République Fédérale d'Allemagne et 1/2 de l'Inde et de plus cette proportion de la gestion agricole ne tend pas à augmenter, en raison de la hausse des prix fonciers qui a rendu difficile l'acquisition de nouvelles parcelles.

Comme le Japon est formé d'une chaîne allongée d'îles, s'étendant du nord au sud, les conditions climatiques y varient de région en région; c'est pourquoi on s'est efforcé de mettre au point des plantes, en acquérant tout un éventail de semences dans diverses zones de l'étranger, depuis les régions froides jusqu'aux tropicales. On est parvenu, de cette façon, a adapter une grande variété de récoltes au pays. (Parmi les 52 produits agricoles principaux du Japon, deux tirent leur origine de la zone froide, 28 de la zone tempérée, 6 de la zone sous-tropicale et 16 de la zone tropicale).

L'on se croirait au Canada, mais ce n'est qu'une illusion car nous sommes dans cette magnifique région de Hakone.

Meoto Iwa (l'époux et l'épouse, les deux rochers).

Ces deux rochers de Futamigaura représentent, symbolisent l'amour éternel entre l'époux et l'épouse. Ils sont situés face au parc Ise-Shima et tout près de là à Toba, on y cultive la perle.

La Compagnie
Kintetsu

Aujourd'hui, c'est le dernier mardi du mois de juin 1982. J'espère que tout ce dont je vous ai communiqué par mon livre aura été d'une aide, à la découverte du Japon ou à la remémorisation de souvenirs du passé, autant par les aspects traditionnels que par les autres éléments d'aujourd'hui et de demain. C'est au son d'une très belle pièce musicale du nom de Sakura que je vous dis ainsi qu'au Japon, au revoir, Sayōnara!

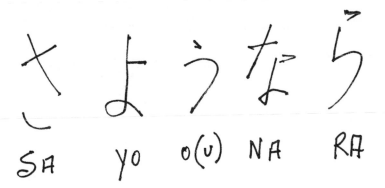

アンドレ
レベイエ

André Jeivillé mai 1982.